Günther Slansky

Der Weg zum selbst gebauten U-Boot-Modell

Ein Leitfaden aus der Praxis

# Der Weg zum selbstgebauten U-Boot-Modell

## Ein Leitfaden aus der Praxis

Günther Slansky

vth

Verlag für Technik und Handwerk
Baden-Baden

**vth Fachbuch**

**Best.-Nr.: 310 2115**

Redaktion: Oliver Bothmann
Lektorat: Claus Keller

Die Deutsche Bibliothek – CIP-Einheitsaufnahme

Slansky, Günther:
Der Weg zum selbstgebauten U-Boot-Modell : ein Leitfaden aus der Praxis / Günther Slansky. - Baden-Baden : Verl. für Technik und Handwerk, 2002
ISBN 3-88180-715-2



ISBN 3-88180-715-2


Postfach 22 74, 76492 Baden-Baden



Printed in Germany
Druck: WAZ-Druck, Duisburg

# Inhaltsverzeichnis

# Über den Autor

In Jahrzehnten aktiver Schiffsmodellbaupraxis hat sich Günther Slansky einen wertvollen Schatz an Erfahrungen und Kenntnissen erworben und lässt daran andere Schiffsmodelfreunde teilhaben durch mehrere Fachbücher sowie viele ausführliche Bauberichte in den Fachmagazinen „Schiffspropeller“ und „ModellWerft“. Über seinen Lebensweg erzählt er:

Im Jahre 1933 direkt an der Elbe geboren und hier in der schönen Weingegend zwischen Meißen und Riesa am Flussufer mit kleinen Spielzeug- und großen Personen- und Frachtschiffen der Binnenschifffahrt aufgewachsen, wurde schon im frühen Kindesalter meine Lust und Liebe zu den Wasserfahrzeugen geweckt. Einer meiner Großväter war Steuermann bei der Elbeschifffahrt und es boten sich daher viele Möglichkeiten, Technik, Arbeit und Leben auf und mit den Schiffen kennen zu lernen. Das war noch in der Zeit, als starke Seitenrad-, Heckrad- und die legendären Kettenschlepper mit echten Dampfmaschinen schwer beladene Kähne flussaufwärts zogen.

1939, als der Zweite Weltkrieg ausbracht, kam ich in die Schule und baute da mit zehn Jahren im Werkunterricht mein erstes Schiffsmodell, selbstverständlich nach Kriegsmarinevorbild. Das zarte Pflänzchen hat dann Wurzeln geschlagen, entwickelte sich weiter und steht heute noch in voller Blüte. Natürlich ging's

dabei nicht immer nur geradeaus. In den letzten Kriegs- und ersten Nachkriegsjahren dachte man nicht ans Schiffchenschnitzen, sondern nur an einen vollen Magen, dichtes Schuhwerk und einen warmen Ofen. Aber als sich die Verhältnisse langsam besserten, wurden auch wieder die Schiffsmodelle zum Freizeitbedürfnis. Baupläne waren die Ausgangsbasis und es galt zu lernen, mit primitiven Mitteln von Hand alles selbst zu bauen. Außer Holz, Leim und Farbe gab es nichts und es war schon ein Erfolg, wenn man einen alten Scheibenwischermotor ergattern konnte.

Seit nunmehr fünfzig Jahren lebe ich, weit weg von großen Gewässern, in Südthüringen zwischen Thüringer Wald und Frankenwald und trat dort in den 50er Jahren in die Sektion Schiffsmodellbau der staatlich gelenkten Gesellschaft für Sport und Technik ein. Zwar beeinträchtigten Berufsausbildung und Erwerbstätigkeit die zur Verfügung stehende Freizeit, das erworbenen Wissen wirkte sich aber sehr positiv auf den Schiffsmodellbau aus. Ich lernte nämlich zunächst Elektromaschinenbauer und Rundfunkmechaniker, studierte und wurde Konstruktionsingenieur der Elektrofeinwerktechnik und etwas später Diplomingenieur. Es folgten dann gut 20 Jahre in leitenden Positionen in Forschung, Entwicklung, Konstruktion und Produktion der heimelektronischen Industrie. Kein Wunder, dass ich früher drei bis fünf Jahre zum Bau eines Schiffsmodells benötigte, während heute im Rentenalter jedes Jahr ein neues entsteht. Im Schiffsmodellsportverein Neuhaus-Schierschnitz e.V. bin ich bis heute Vorstandsmitglied und betreue jeden Mittwoch die jungen Vereinsmitglieder, leite sie an und gebe ihnen meine Erfahrungen weiter. Die Jüngsten sind zehn Jahre alt und bauen ihre ersten Modelle nach Bauplan, genauso wie ich in den 40er Jahren.

# Vorwort

U-Boote sind etwas Besonderes und technisch interessierte Menschen lassen sich davon wohl immer faszinieren. Wenn aber noch das Hobby des Schiffsmodellbauers hinzukommt, so ist die Wahrscheinlichkeit groß, vom U-Boot-Virus infiziert zu werden. Allein die Entscheidung, dieses Buch zu lesen, ist Beweis genug, dass Sie vom U-Boot-Fieber bereits ansteckt sind. Ich bin es längst, denn in meiner jahrzehntelangen Modellbautätigkeit habe ich neben vielen anderen Schiffsmodellen auch vier U-Boot-Modelle selbst gebaut und dabei wertvolle Erfahrungen gesammelt. Deshalb ist das Buch, das Sie in Händen halten, der Erfahrungs- und Baubericht eines Praktikers, der für Praktiker schreibt. Es behandelt den U-Boot-Modellbau auf breiter Basis. Das heißt, es ist nicht nur die auf ein Modell eingegrenzte Bauanleitung, sondern eine umfassende Beschreibung aller Kriterien vom Literaturstudium und Bauentscheid über die theoretischen Vorkenntnisse und Konzeptionsentwicklung bis zur Bauvorbereitung, Baudurchführung und Erprobung. Dabei kommt das gesamte Spektrum vom Typensortiment über Auswahlkriterien, Machbarkeit bis hin zu den Lösungswegen und der Materialverwendung zur Sprache.

**Ein Glücksfall – das Vereinsgewässer gehört dem Wirt des Vereinslokals.**

Hier geht es also primär darum, all das selbst herzustellen, was sich der Modellbauer zutraut und was die normale Ausstattung der eigenen Werkstatt erlaubt. Erst an zweiter Stelle stehen gekaufte Teile und Baugruppen, die von Fall zu Fall nicht selbst gebaut werden können beziehungsweise zu deren Eigenherstellung die eigenen Voraussetzungen fehlen. Sicher ist das Angebot der Modellbauindustrie so groß und umfangreich, dass man sich ein technisch-elektronisch perfektes U-Boot-Modell zusammenkaufen beziehungsweise zusammenbauen kann, ohne die speziellen Werkstattvoraussetzungen zu haben, aber genau das ist nicht unser Schwerpunkt.

In heutiger Zeit, in der es nichts gibt, was es nicht gibt, in der auch für Schiffs- und U-Boot-Modelle mehr Industrieprodukte auf dem Markt sind, als es vorstellbar ist, kann die individuelle Hobbytätigkeit eine Insel privater Freude sein. Daher habe ich mir zum Ziel gesetzt, das Selbermachen als etwas Reizvolles für die Selbstverwirklichung und als befriedigendes Erfolgserlebnis zu zeigen.

Es ist meine besondere Vorliebe, mit einfachen Baumethoden, geringem Bauaufwand sowie niedrigen Materialkosten attraktive und funktionssichere Ergebnisse zu erzielen. Dabei wird aber nicht ausgeschlossen, vom kompletten Fernsteuerset über moderne Tauch- und Steuerungssysteme bis hin zu den GFK-Bausätzen und U-Boot-Modellbaukästen je nach Lust und Laune sowie Zustand des Geldbeutels alles Gewünschte in Anspruch zu nehmen. Es ist nichts Ungewöhnliches, dass so manchem Eigenbau nach Plan ein Baukasten als Lernobjekt vorausging.

Aber unabhängig davon, ob es um das selbst gebaute oder um das gekaufte Zubehör geht, werden in diesem Buch auch die dazu notwendigen Grundkenntnisse vermittelt, die für den Bau funktionsfähiger U-Boot-Modelle zu beherrschen sind. In gut verständlicher Beschreibung und mit aussagefähigen Übersichtsskizzen und Fotos wird das notwendige Wissen zu Tauchtechnik, Steuertechnik, Gewicht, Verdrängung, Stabilität, Druckfestigkeit, Auftrieb, Metazentrum und anderes mehr behandelt. Weil aber hier der Praxis des Bauens das Hauptgewicht zukommt, verweise ich zu allen weiter und tiefer reichenden Problemen der Theorie auf das Fachbuch „Technik der U-Boot-Modelle“ von Norbert Brüggen. Es ist ebenfalls im Verlag für Technik und Handwerk, Baden-Baden, erschienen (s. Literaturhinweise im Anhang). In einigen Abschnitten nehme ich hier speziell auf die physikalisch-technischen Fragen Bezug, die Norbert Brüggen etwas breiter und tiefgründiger beantwortet hat. Bei den hier beschriebenen U-Boot-Modellen werden beispielsweise nur Kolbentanks ohne Trimmtanks verwendet, sodass zu anderen Tauchsystemen bei Brüggen nachzulesen wäre.

Alle Baubeschreibungen, Skizzen, Zeichnungen und Fotos beziehen sich auf eigene Hobbytätigkeiten und Modellbauergebnisse. Jedoch sind alle hier niedergeschriebenen Erkenntnisse, Vorschläge, Empfehlungen und Grundregeln derart allgemeingültig abgefasst, dass sie auch auf andere U-Boot-Typen im vollen Umfang zutreffen. Darüber hinaus ist dieses Buch sehr praxisnah, fern von trockener Wissenschaftlichkeit so allgemein verständlich geschrieben, dass es auch vom Einsteiger mit Gewinn genutzt werden kann. Außer einem normalen Schulwissen sind keine Spezialkenntnisse vorausgesetzt. Jeder normale Hobbybastler wird sich hier gut zurechtfinden. So kann das Werk ein Lehrbuch für den Einsteiger, eine Literaturergänzung für Fortgeschrittene, aber auch ein bereichernder Erfahrungsaustausch für die Spezialisten sein.

Zum Schluss soll nicht unerwähnt bleiben, dass ein U-Boot zwar das Traumschiff eines Modellbauers sein kann, es sich aber um ein Kriegsschiff handelt, bei den hier beschriebenen Modellen um solche des Zweiten Weltkriegs. Da fallen Betrachtungsweise und Bewertung oft anders aus als bei den normalen zivilen Schiffen und reichen von der Begeisterung über die Bewunderung bis hin zur völligen Ablehnung. Hier scheiden sich die Geister zwischen Akzeptanz und Verweigerung. Trotzdem werden viele Schiffsmodelle gebaut, die Originale der so genannten grauen Flotte vom Torpedoboot über Zerstörer, Kreuzer und Panzerschiffe bis hin zu den großen Schlachtschiffen zum Vorbild haben. Keiner der ungezählten Modellbauer kommt dabei auf die Idee, Nationalismus oder gar Kriegsverherrlichung zu betreiben, sondern es geht um die besondere Schiffstechnik, um die interessante Waffentechnik und nicht zuletzt um die arttypische Ästhetik der Formgestaltung solcher Schiffe.

Der gewissenhafte Modellbauer wird sich immer mit der Geschichte des ausgewählten Originals, mit seiner Entstehung, seinen Einsätzen und letztlich seinem Verbleib auseinander setzen. Spätestens an dieser Stelle kommt er um eine Konfrontation mit den Schrecken des Krieges nicht herum: Über 50 Millionen Todesopfer des Zweiten Weltkriegs weltweit, darunter mehr als 28.000 deutsche U-Boot-Fahrer dürfen nicht unbeachtet bleiben. Nach einem Jahrtausend der Kriege, in denen sich vor allem auch die europäischen Völker furchtbar und vernichtend bekämpft haben, stehen wir, die Nachfolgegenerationen, jetzt am Beginn eines neuen Jahrtausends und wie noch niemals vorher eines versöhnten, vereinten Europa. So ist es heute, wo die Nachkommen ehemaliger Feinde Seite an Seite in den befreundeten Marinen Europas dienen, nicht unangemessen, auch die Welt der Schiffsmodellfreunde mit ihrer grauen Flotte in neuem und besserem Licht zu sehen.

# Aspekte zur Bauentscheidung

## Am Anfang steht die Idee

Die Idee, selbst ein U-Boot-Modell zu bauen, übt immer wieder einen großen Reiz aus, denn es nimmt im Reich der Schiffsmodelle doch eine besondere Stellung ein. Die verlockende Aussicht, dass das eigene Modell nach dem Willen seines Kapitäns taucht und aus der Tiefe in voller Fahrt, oder auch ohne Fahrt zu machen, wieder auftaucht, birgt eine Portion Faszination in sich. Doch aller Anfang ist schwer – diese Redewendung trifft erst recht für den U-Boot-Modellbau zu, aber wir wollen hier eben diesen Anfang etwas leichter machen. So mancher Schiffsmodellbauer hat schon gemocht, sich aber nicht getraut. Das ferngesteuerte Tauchen und Auftauchen schien ein Buch mit sieben Siegeln zu sein, wenn man dann aber sein erstes oder zweites U-Boot-Modell gebaut hat, stellt man fest, dass das alles keine Hexerei ist. Natürlich muss man bereit sein, sich mit den Grundkenntnissen auseinander zu setzen, die zur Verwirklichung der Idee notwendig sind. Dazu gehört die Beschäftigung mit der Welt der großen Vorbilder und der Zeiten, in denen sie aktuell waren.

**Nach vielen anderen Schiffsmodellen war dies mein erstes U-Boot.**

Speziell im ersten Teil des Buches wird der Leser hinsichtlich der Arten, Typen und Epochen im groben Rahmen zum konkreten U-Boot-Typ hingeführt.

Wie bei allen anderen Hobbys ist auch hier der Wunsch der Vater des Gedankens. Dieser Wunsch kann geweckt werden durch Fachbücher, Dokumentar- und Spielfilme, Schiffsmodellausstellungen, Schaufahren usw. Vielleicht kam der zündende Funke auch von einem Besuch des Ehrenmals in Kiel-Laboe und der Besichtigung des dortigen VII-C-Originalbootes. Egal, welches Ereignis zur Idee des eigenen U-Boot-Modells geführt hat, wenn sie erst einmal geboren ist, setzt sie sich im Kopf unverrückbar fest. Dann ist der Betroffene mit dem U-Boot-Virus infiziert.

Natürlich muss man zwischen dem Strohfeuer kindlicher Begeisterung und der gereiften Idee eines erfahrenen Modellbauers unterscheiden. Außerdem liegen zwischen dem Wollen und Können mitunter ganze Welten. Aber ein Freund der U-Boot-Modelle muss gar nicht unbedingt ein Modellbauer sein. Es kann sehr viele Ursachen geben, ein U-Boot-Modell nicht selbst zu bauen, beispielsweise die berufliche Beanspruchung, die keine Zeit für solch ein anspruchsvolles Hobby übrig lässt, oder die fehlende Werkstattausrüstung oder das Fehlen der Werkstatt an sich. Auch mangelnder Mut und Selbstvertrauen können zum Kauf eines U-Boot-Modells führen.

In der Regel findet ein Betrachter ein selbst gebautes U-Boot-Modell unter den industriell hergestellten heraus. Es ist die persönliche Handschrift des Modellbauers, die sein Modell von der Sterilität industrieller Serienerzeugnisse sichtbar abhebt. Ich möchte mich aber nicht dahingehend verstanden wissen, dass damit eine Trennlinie zwischen gut und schlecht gemeint sei. In vielen Fällen sind z.B. industriell hergestellte Beschlagsätze oder Formteile viel sauberer, präziser und einheitlicher, als sie mit den oft primitiven Mitteln unvollkommener Hobbywerkstätten hergestellt werden können. Auch Baukästen oder gekaufte Baugruppen sind auf dem Weg zum hier behandelten funktionsfähigen, statisch tauchenden selbst gebauten U-Boot-Modell nicht ausgeschlossen. Sie sind meistens von guter Qualität, und gepaart mit Wissen, Fähigkeit und Wollen des Modellbauers wird das Vorhaben erfolgreich sein. Die höheren Ziele und der persönliche Ehrgeiz des Edelbastlers führen aber letztlich zum Eigenbau nach Bauplan und Zeichnung, und eines Tages wird die eigene Berechnung und Konstruktion die Krönung für das persönliche Erfolgserlebnis.

Man sollte nicht ins Wasser springen, ohne vorher das Schwimmen erlernt zu haben. Ebenso muss man sich auch für den Modellbau Vorkenntnisse aneignen. Es ist daher von Vorteil, beim „normalen" Schiffsmodellbau den Umgang mit Material und Baumethoden erlernt zu haben. Außerdem ist es sehr zu empfehlen, sich mit den physikalischen Bedingungen und Zusammenhängen des tauchfähigen U-Bootes vertraut zu machen. Dies erfordert, das mitunter längst verblasste Schulwissen betreffs Gesetzmäßigkeit, Beurteilung und Berechnung von Fläche, Körper, Gewicht, Druck, Verdrängung, Auftrieb, Schwerpunkt usw. aufzufrischen. Ohne Kenntnisse dieser Dinge bietet nicht einmal der beste U-Boot-Baukasten eine Garantie für den Erfolg.

Ist die Idee zur grundsätzlichen Entscheidung gereift, selbst ein U-Boot-Modell bauen zu wollen, stehen sofort neue Fragen an: Was will ich überhaupt bauen? Soll es ein U-Boot aus dem Ersten oder Zweiten Weltkrieg sein? Ist eventuell ein modernes Atom-U-Boot interessanter? Wäre ein U-Frachter, ein Forschungs-U-Boot, ein Rettungs- bzw. Bergungs-U-Boot, ein Phantasie-U-Boot oder noch etwas ganz anderes vielleicht doch besser? Für was entscheide ich mich denn nun?

Die Arten, Typen, Formen und Größen bieten sich in unendlicher Vielfalt an. Es gibt sehr viele Möglichkeiten, von denen letztlich eine ausgewählt werden muss. Da kann man nur ganz systematisch und sachlich zu Werke gehen. Ein Bauvorhaben muss von der ersten

**Das zweite U-Boot-Modell – U 505 vom Typ IX C**

Idee bis zum letzten Entschluss Schritt für Schritt heranreifen. Es soll aber auch nicht unerwähnt bleiben, dass mancher sein U-Boot-Modell aus einem Spontanblitz heraus gebaut hat, ohne links oder rechts nach anderen Typen zu schauen.

Man sollte sich bereits im Vorfeld tiefgründig mit allen Möglichkeiten des Originals und des Modellprojektes auseinander setzen und dann wirklich überzeugt sein, die richtige Entscheidung getroffen zu haben. Die anfängliche Begeisterung muss bis zur erfolgreichen Fertigstellung des Modells anhalten, und dies kann mitunter lange dauern. Nichts ist schädlicher für den Erfolg, als auf halbem Wege Zweifel an der Richtigkeit seiner Bauentscheidung zu bekommen.

## Die Suche nach dem Vorbild

Jeder, der ein U-Boot-Modell bauen will, hat seine ganz individuelle Vorstellung von dem Original, das er als Vorbild auswählt. Während der eine ein amerikanisches Atom-U-Boot als Ziel seiner Wünsche sieht, kann der andere ein technisch detailliertes, buntes Forschungs-U-Boot als sein Traumschiff betrachten. Einer schwört auf das deutsche VII-C-Boot des Zweiten Weltkriegs und wieder ein anderer möchte ein tiefseetaugliches Modell bauen, mit dem er in klaren Bergseen tauchen kann. Trotz der vielen Möglichkeiten, zu denen auch noch die unterschiedlichsten Phantasie-U-Boote gehören, sind es die grauen U-Boote aller Kriegsmarinen, die bei den Interessen der Modellbauer überwiegen. Diese Palette reicht von den altertümlichsten bis zu den modernsten Kampf- und Kriegs-U-Booten aller Arten, Größen und Nationalitäten.

Ausgerechnet die großen Atom-U-Boote, mit nichts dran und nichts drauf, von vorne bis hinten glatt, erfreuen sich bei den Modellbauern großer Beliebtheit. Wahrscheinlich gibt es dafür zwei Hauptgründe: Erstens lassen sie sich leichter und auch schneller bauen und zweitens sind Teilung und Abdichtung bei einfacher Öffnung und Schließung besser zu beherrschen. Die Vorliebe der nächsten Modellbauergruppe, zu der ich mich selbst zähle, konzentriert sich auf die deutschen U-Boote des Zweiten Weltkriegs. Sie gilt solchen U-Booten, die nicht so glatt und detailarm sind. Ob nun Typ II, Typ VII, Typ IX usw., da reizen das durchgehende Lauf- bzw. Oberdeck, die Ausrüstungsdetails, der Turm mit seinen Anbauten, das Buggeschütz und vieles mehr. Wie bei meinen anderen Schiffsmodellen, so ist es auch hier die Liebe zum Detail und die Detailvielfalt, die ein U-Boot-Modell interessant machen.

Sieht man sich auf Ausstellungen, bei Schaufahrten, auf Modellbaumessen und in den Büchern um, so ist festzustellen, dass in der eindeutigen Mehrheit deutsche U-Boote des Zweiten Weltkriegs als Vorbilder gewählt werden. Dem liegt mit Sicherheit keine nationalistisches Gedankengut zugrunde, sondern die reichhaltige Dokumentation der deutschen U-Boot-Geschichte. Der Schiffsmodellbauer und vor allem der U-Boot-Freund findet hierzu eine Vielzahl Fachbücher, Bildbände, Planrollen, Bauberichte, Datensammlungen und anderes mehr. Zu keinem anderen Gebiet gibt es einen derart umfangreichen und tiefgründigen Einblick wie in die Welt der deutschen U-Boote des Zweiten Weltkriegs, sodass der Interessierte fast zwangsläufig auf diese Kategorie hingeführt wird. Filme wie „Das Boot" tun ein Übriges dazu. Mir selbst ist es nicht anders ergangen. Der Informationshunger zu den ausgewählten Vorbildern deutscher U-Boote aus dieser Epoche fand gute und umfangreiche Nahrung. Meine persönlichen Vorlieben für die Detailvielfalt und für bestimmte Baumethoden haben dann dazu geführt, Boote aus den Typ-Familien II und IX zu wählen.

Allein zu den drei Grundtypgruppen ist das Angebot für mögliche Vorbilder riesengroß. Man braucht in Übereinstimmung mit den eigenen Interessen nur auswählen und zugreifen. Natürlich ist und bleibt die Auswahl und Entscheidung zum Vorbild eine rein individuelle Angelegenheit. Sicherlich ist sie durch Filme, Bücher usw. beeinflussbar, aber einem Schiffsmodellbauer kann man andere Bootstypen nicht einreden und ihm seine Vorlieben ausreden erst recht nicht.

**Über Detailarmut kann man beim IX-C-Boot nicht klagen.**

## Nationalität, eine Frage?

Aus den zuvor genannten Gründen überwiegen hierzulande Modelle deutscher Kriegsschiffe, aber das ist eigentlich eine unnötige Einschränkung, denn international betrachtet gibt es unendlich viele und zum großen Teil sehr interessante Vorbilder für den Modellbau. Die britischen Bootsklassen H, L, O, P, S und andere sowie ein paar Sondertypen z.B. unterscheiden sich in ihrer Erscheinungsform mitunter sehr augenscheinlich von den deutschen. Nicht zu vergessen die Boote der Amerikaner, deren ansprechende Gestaltung und die teilweise relativ schwere Artillerie zum Nachbau verlocken können, ebenso wie die späteren Atom-U-Boote. So war z.B. die Baloa-Serie mit zwei 12,7-cm-Deckgeschützen und zwei 4-cm-Flak ausgestattet. Insgesamt hatten die USA zwölf Grundklassen mit mehreren Bauvarianten von den Barracudas über Delphin und Seawolf bis zur „Torsk". Auch Italien ist nicht zu unterschätzen. Dort gab es eine breite Typenpalette mit ebenfalls interessanten Eigenschaften, z.B. bei den Klassen Pisani, Sirena, Glauco, Marcello. Die Boote der UdSSR stehen in ihrer Attraktivität denen anderer Staaten in nichts nach. Erfreulich, dass zu diesen Typen nun auch auf dem deutschen Markt Baupläne angeboten werden. Doch damit nicht genug, zu nennen sind noch die U-Boote der Niederlande und vor allem das umfangreiche Spektrum der Japaner. Gerade in der japanischen Marine waren relativ große Boote bis zu 120 m Länge üblich.

Und dann die Franzosen, da gab es z.B. neben anderen U-Boot-Typen als Einzelstück den schweren U-Kreuzer „Surcouf". Er hatte im getauchten Zustand eine Wasserverdrängung von 4.304 t, einen druckfesten Artillerieturm mit sage und schreibe zwei 20,3-cm-Geschützen, deren Reichweite bei 27 km lag, und sogar ein Bordflugzeug, das in einem

Solch ein Modell, gut detailliert und mehr als 2 m lang, bietet ein attraktives Erscheinungsbild.

**Blick auf die Back des IX-C-Modells. Das weiße Fliegererkennungszeichen wurde später entfernt.**

**Eine Variante von vielen – 2-cm-Vierlingsflak auf dem unteren Wintergarten**

druckfesten Hangar untergebracht war. Mit acht Torpedorohren galt es damals als das größte U-Boot der Welt. Nachdem Frankreich und dessen Atlantikstützpunkte durch Deutschland besetzt waren, floh die „Surcouf" nach England und wurde dort bei weiteren Kriegshandlungen eingesetzt. 1942 ist sie nach einer Kollision im Golf von Mexiko gesunken. Solch ein U-Boot-Modell wäre sicherlich das Sahnestück auf unseren Modellmeeren.

Selbstverständlich haben auch die großen, modernen Atom-U-Boote der Amerikaner und Russen ihren Reiz und ihre modellbautechnischen Vorzüge.

Wie aus den veröffentlichten Bauberichten zu erkennen ist, hat diese Kategorie daher ebenfalls ihre Liebhaber gefunden.

So könnte man nun immer weitermachen und noch viele interessante Objekte nennen, aber es soll genug sein, denn das findet man bereits ausführlich in anderen Büchern, z.B. in „U-Boote im 2. Weltkrieg" von Erminio Bagnasco (s. Literaturhinweise im Anhang). Es ist eine umfassende Enzyklopädie über Technik, Typen, Bewaffnung, Klassen, Daten usw. Das Typensortiment ist also über unsere Grenzen hinaus sehr groß. Heute, wo das Nationalistische weit hinter uns und das vereinte Europa vor uns liegt, ist auch unser schönes Hobby des Schiffsmodellbaus internationaler geworden. Inzwischen kann man seine Freude daran haben, wenn auf unseren Teichen beispielsweise die Modelle Bismarck und Hood oder Graf Spee und Exeter oder Achilles friedlich nebeneinander liegen. Es gibt keinen Grund, dass es mit den Modellen deutscher, englischer oder anderer U-Boote anders sein sollte. Doch auch hier gilt nur das einzige Kriterium, die persönliche Entscheidung des Schiffsmodellbauers. Nur ihm und sonst niemand muss das ausgewählte Modellbauobjekt gefallen.

Er selbst muss von der Richtigkeit seine Entscheidung überzeugt sein und nicht die anderen.

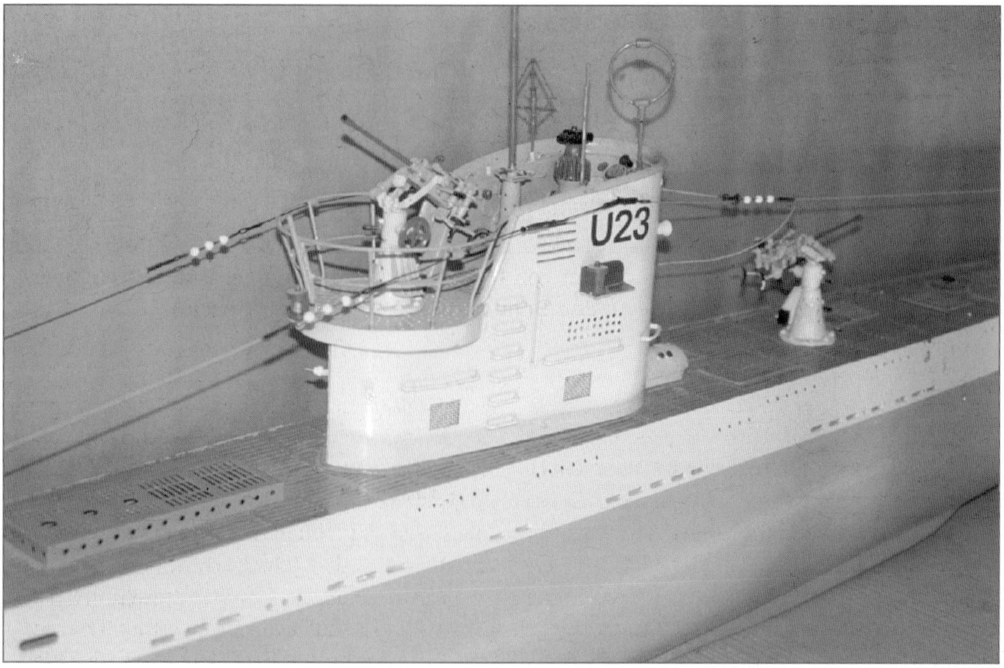


**Das dritte U-Boot-Modell war U 23 vom Typ II B.**

## Geschichtliche Einordnung

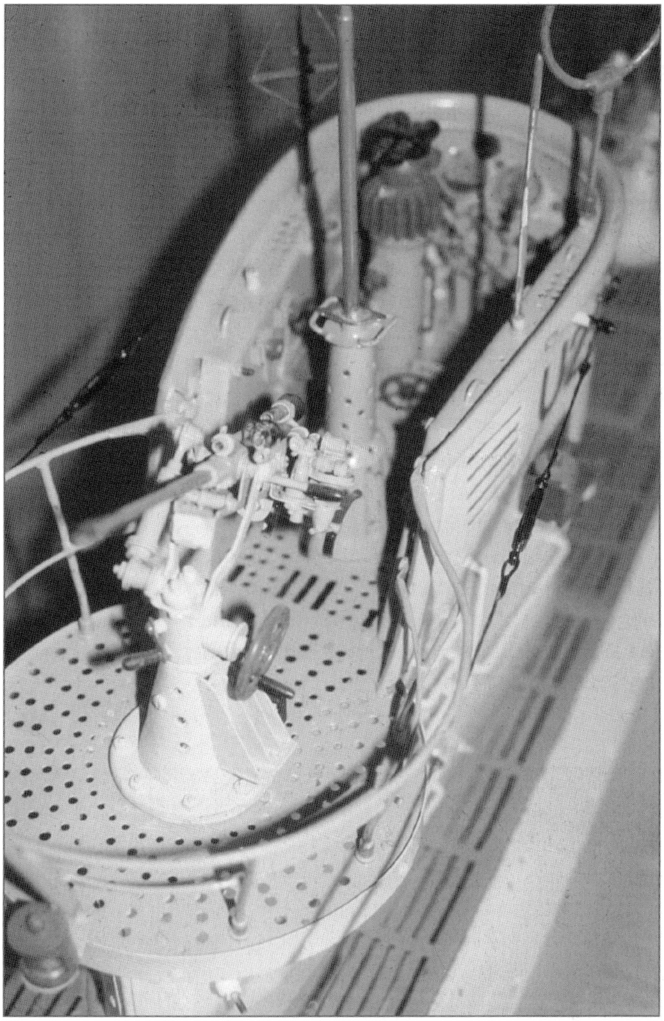

Der Turm von U 23. Die Plattform für die 2 cm Flak 30 wurde an den Schwarzmeerbooten nachgerüstet.

Zwischen den U-Booten von heute, gestern oder vorgestern bestehen natürlich sehr augenfällige Unterschiede. Wem das Atom-U-Boot von 1990 gefällt, muss noch lange nicht das zusammengenietete und viel kleinere U-Boot von 1910 attraktiv finden und umgekehrt. In jedem Fall ist es aber selbstverständlich, dass sich der begeisterte U-Boot-Freund mit der Entwicklungsgeschichte seines U-Bootes gründlich ausein-ander setzt. Er will alles in Erfahrung bringen, was mit dem auserwählten Objekt im Zusammenhang steht, egal ob sein Traumboot nun vor 50, 90 oder noch mehr Jahren entstand.

Die ältesten Versuche und Unternehmungen, Unterwasserfahrzeuge zu bauen, reichen sogar bis ins Mittelalter zurück. Diese dürften aber für den U-Boot-Modellbauer weniger interessant sein. Will man den Versuch einer Zeiteinteilung wagen, so könnte man von folgenden Hauptepochen sprechen: erstens die Zeit vor und um 1900, denn der Beginn ernst zu nehmender U-Boot-Entwicklungen wird allgemein auf das Jahr 1850 datiert, als Wilhelm Bauer (1822–1875) in Kiel mit seinem „Brandtaucher" die erste gesteuerte Tauchfahrt unternahm. Danach baute er in St. Petersburg ein technisch verbessertes Exemplar, den „Seeteufel", und weckte mit sehr überzeugenden Tauchfahrten das Interesse der russischen Marine. Alle mechanischen Aktivitäten mussten allerdings noch mit Muskelkraft in Gang gesetzt werden. Übrigens ist auch der „Brandtaucher" schon mehrfach als Funktionsmodell gebaut worden.

Der eigentliche Qualitätssprung hat dann etwa 30 Jahre auf sich warten lassen. Der technische Fortschritt, z.B. die Erfindung des Elektromotors, des Akkumulators, des Petroleummotors usw., machte neue brauchbare U-Boot-Konstruktionen möglich. 1887 wurde das erste U-Boot in Spanien und 1888 in Frankreich gebaut. Die bekannten Boote „Narval" von 1899 und „Forelle" von 1902 entstanden in Frankreich bzw. in Deutschland, und in anderen seefahrenden Nationen arbeitete man ebenfalls an ähnlichen Vorhaben. Auch solche Boote haben mit ihren zusammengenieteten Eisenplatten ihren ganz spezifischen Reiz für den Modellbauer.

Zweitens beginnt 1905 eine neue Epoche, als auf der Germania-Werft in Kiel das erste Zweihüllenboot U 1 auf Kiel gelegt wird. Sie umfasst den Zeitraum bis zum Ende des Ersten Weltkriegs, also bis 1918. In dieser Zeit erfolgte auch die Perfektionierung des Torpedos, der sowohl bei Über- als auch bei Unterwasserfahrt verschossen werden konnte. Entwicklung und Bau der U-Boot-Waffe gingen unter dem Druck der Kriegsereignisse international schnell voran, wobei Deutschland nicht, wie oft behauptet, den ersten Platz einnahm. Im Jahr 1914, also zu Beginn des Krieges, hatte Deutschland nur 29 U-Boote in Dienst, die USA dagegen 35, Frankreich 45 und England sogar 77. Aus der einschlägigen Fachliteratur geht aber hervor, dass die Seekriegstauglichkeit deutscher U-Boote allen anderen überlegen gewesen sein soll. Die Betrachtung dieser Epoche kann hier wegen des großen Umfangs nicht tiefgründiger beschrieben werden. Die umfangreiche Fachliteratur gibt da bessere und umfassendere Auskünfte, besonders zu erwähnen ist das Buch „Die Unterseeboote der Kaiserlichen Marine" von Eberhard Rössler (s. Literaturhinweise im Anhang).

Drittens geht es um die Zeit zwischen 1935 und 1945. Nach dem verlorenen Ersten Weltkrieg unterlag Deutschland durch den Versailler Vertrag vielen militärischen Einschränkungen und Rüstungsverboten. Am 16. 3. 1935 kündigte Hitler den Vertrag auf, sodass ab diesem Zeitpunkt die wichtige Etappe offiziell beginnt. Insgeheim und zur Tarnung ins Ausland verlagert hatte die U-Boot-Entwicklung für das Deutsche Reich aber schon wesentlich früher begonnen, daher konnte unmittelbar danach eine Reihe U-Boote vom Typ II in Dienst gestellt wurden.

Am 1. 9.1939 begann der Zweite Weltkrieg, in dessen Verlauf sowohl U-Boot-Entwicklung als auch -Bau in unvorstellbarem Ausmaß vorangetrieben wurden. Das Spektrum der Typen und Bauvarianten war national und international sehr breit, da wird einem die Bauentscheidung nicht leicht gemacht. Eine Aufzählung und Beschreibung ist wegen des großen Umfangs im Rahmen dieses Buches nicht möglich und auch nicht gewollt. Vor allem zu dieser Epoche gibt es die umfangreichste Fachliteratur, in der sich der interessierte Leser tiefgründig informieren kann.

Die deutsche U-Boot-Waffe erreichte sowohl in Qualität als auch in Quantität etwa in der Mitte des Krieges ihren Kulminationspunkt. Noch niemals zuvor wurden in so kurzer Zeit so viele U-Boote gebaut und noch nie zuvor hatte der Seekrieg so viele Menschenleben gefordert. Doch ab 1943 galt die Atlantikschlacht für Deutschland als verloren. Die gegnerische Seite hatte Ortungsmöglichkeiten entwickelt und Wege gefunden, in deutsche Funkschlüssel einzubrechen, die Hunderten deutscher U-Boote zum Verhängnis wurden. Selbst extrem verkürzte Bauzeiten konnten letztlich die eingetretenen Verluste nicht mehr ausgleichen. Von den zur Feindfahrt ausgelaufenen U-Booten blieben zunehmend mehr draußen als zurückkamen.

Die jüngste, vierte Epoche reicht von 1945 bis in die Gegenwart. Unter anderen waren es auch die deutschen U-Boote vom Typ XXI und XXIII, die bei den Engländern und Amerikanern nach 1945 die Weiterentwicklung beeinflusst haben. Deutschland selbst, das ohnehin in Besatzungszonen aufgeteilt war, hatte ganz andere Sorgen und Nöte. Zerstörung, Hunger und andere Kriegsfolgen haben zunächst nicht einmal den Gedanken an Kriegsgerät oder gar U-Boote aufkommen lassen. Doch als die größten Wunden verheilt waren, als es an den Aufbau einer Bundesmarine ging, wurden auch in Deutschland wieder U-Boote in Dienst gestellt. Der Kalte Krieg zwischen Ost und West war Triebfeder für neue Waffensysteme mit noch mehr Vernichtungskraft. Davon sind die U-Boote nicht ausgenommen: Mit einem Atomreaktor an Bord, der es erlaubt, tiefer und länger zu tauchen, vom Gegner unentdeckt in allen Weltmeeren umherzufahren, und mit unter Wasser abschießbaren Atomraketen großer Reichweite, stellen sie alles Dagewesene in den Schatten.

Auch an diesen Vorbildern gingen die Modellbauer nicht vorüber. Es ist eben so, wie eingangs festgestellt wurde: Nicht die Waffe als solche, sondern die besondere Schiffs- und Tauchtechnik begeistert und verleitet zum Modellbau. Dazu kommt die wenn auch Furcht erregende, so doch besondere Ästhetik solcher Schiffe. Nur der Außenstehende wird dies anders interpretieren. Die Tatsache, dass es so viele U-Boot-Modellbauer gibt, bestärkt mich jedenfalls in dieser meiner Auffassung.

## Gedanken zur Machbarkeit

Aus den bisherigen Darlegungen ergeben sich im engen Zusammenhang zur Vorbildauswahl wieder eine Reihe neuer Fragen: Wie groß ist das Original und wie groß soll das Modell werden? Auf welchen Baumaßstab will man sich festlegen? Welche Tauchtechnik soll angewendet werden? Welche Baumethode ist mit welchem Material sinnvoll? Wie wird der Schwierigkeitsgrad eingeschätzt? Welchen Schwierigkeitsgrad traut man sich selber zu? Wird das Vorhandene an Werkzeug, Werkstatt und Maschinen als ausreichend angesehen? Selbst wenn man sich alle Antworten gegeben hat, können auch nach dem Baubeginn und mitten im Bauablauf noch Fragen auftreten, an die anfangs überhaupt noch nicht gedacht wurde.

Sofern sich der U-Boot-Freund einen Baukasten zugelegt hat, sind die Fragen zumeist von den Konstrukteuren und Herstellern vorwegnehmend beantwortet. Dann aber erst recht

**Auch das Typ-II-Boot, der so genannte Einbaum, ist ein schönes, attraktives Modell.**

**Drei verschiedene Typen in drei verschiedenen Maßstäben gebaut, muss kein Nachteil sein.**

ist die Frage „Was kann ich?“ von großer Bedeutung, weil der Hersteller je nach dem Schwierigkeitsgrad ein ganz konkretes Fähigkeitsniveau des Käufers bzw. Modellbauers voraussetzt. Es gibt zweifelsohne gute und sehr gute Baukästen, industriell hergestellte Baugruppen, Bausätze und Fertigteile, aber aus ihnen ein funktionsfähiges U-Boot-Modell zu machen ist um einiges schwieriger, als aus einem Kinderüberraschungsei ein kleines Plastikspielzeug zusammenzustecken. Wer den Baukasten unterschätzt und sich selber überschätzt, macht möglicherweise aus seinem U-Boot selbst ein Überraschungsei. Doch in diesem Buch soll es vordergründig um den Eigenbau nach Bauplan gehen und eventuell sogar um Eigenbau nach Eigenkonstruktion. Mit der Frage „Wie groß?“ stellt man zum Teil auch die Frage „Wie schwer?“. Ein kleines Modell ist handlich, relativ leicht und im Kofferraum des PKW transportierbar. Dann aber sind auch die Details wie Turmausstattung, Kanonen usw. klein und filigran. Dies macht das Modell empfindlich gegenüber den Unbilden so mancher Gewässer. Wer nicht nur im sterilen, klaren Wasser des städtischen Schwimmbades fahren und tauchen will, sondern in normalen Teichen und tiefen Seen, wird schnell feststellen, dass sich sein kleines Boot schon bei Überwasserfahrt ins Unendliche verliert. Aus eigener Erfahrung rate ich, die U-Boot-Modelle nicht kleiner als 1,5 m Länge zu bauen. Längen mit 2 und 2,2 m sind sogar noch viel besser. Durch das Massenträgheitsmoment sind diese Boote sowohl bei Überals auch bei Unterwasserfahrt viel gutmütiger im Steuerverhalten als zu kleine und leichte U-Boot-Modelle. Natürlich kann ein 2-m-Boot 30 kg und mehr wiegen, sodass der Transportaufwand auch als Nachteil genannt werden muss. Doch bei uns im Verein, wo immer mehrere Kapitäne am Pier stehen, ist es ohnehin üblich, dass die Modelle mit vereinter Kraft ins Wasser gesetzt bzw. herausgehoben werden.

Soweit es die geplante Machbarkeit betrifft, muss man unbedingt zwischen den Fahr- und Funktionsmodellen einerseits und den Vitrinen- und C-Modellen andererseits unterscheiden. Bei der ersten Gruppe, mit der wir uns in diesem Buch befassen, ist der zu wählende Baumaßstab von größter Wichtigkeit. Manche Modellbauer tun sich mit dieser Frage recht schwer und scheitern schon dann, wenn z.B. der im Bauplan gezeichnete Maßstab mit dem Bauwunsch nicht übereinstimmt und umgerechnet werden müsste. Sicherlich gibt es Schiffsmodellbauvereine, wo diese Frage überhaupt nicht auftaucht, weil dort grundsätzlich mit einheitlichem Maßstab gebaut wird. In unserem Verein findet eine solche Normierung nicht statt. Da gilt jeder Maßstab als machbar, sofern das Modell im wahrsten Sinne des Wortes tragbar bleibt. Bei vereinsoffenen Veranstaltungen ist festzustellen, dass das bunte Durcheinander ganz normal ist: Da fährt ein Fischerboot im Maßstab 1:10 neben einer „Titanic" in 1:150 oder eben ein U-Boot im Maßstab 1:33 neben dem 1:100-Zerstörer. Es wäre ein sinnloses Unterfangen, beim Baumaßstab Vorschriften machen zu wollen. Letztlich soll jeder bauen, was er will und wie er will. Hauptsache, er schätzt sein Projekt als realisierbar ein. Vorschriften würden der Hobbygemeinschaft schaden.

Noch wichtiger ist es, die eigenen Fähigkeiten und das handwerkliche Geschick richtig einzuschätzen. Dafür muss man zunächst in der Lage sein, aus den Planunterlagen herauszulesen, welche Schwierigkeiten, welche technischen Anforderungen und welche Baumethoden zu erwarten sind, und die bisherigen Modellbaupraktiken den neuen Anforderungen gegenüberstellen. Ein altes Sprichwort sagt, dass man sich nicht mehr Wurst als Brot nehmen soll, und ein anderes, dass man sein Licht nicht unter den Scheffel stellen braucht. Da gilt es also, selbstkritisch abzuwägen, ob man sich das Vorhaben zutraut und auch bereit ist, neue Wege zu gehen und Lösungswege zu beschreiten, die bei den bisherigen Modellen noch nicht gefragt waren.

Im Übrigen ist es nicht verwerflich, für den Anfang nur das selbst zu bauen, was im Moment als machbar angesehen wird, und all das zu kaufen, was man noch nicht zu bewältigen glaubt. Schon beim nächsten U-Boot-Modell wird der selbst gebaute Anteil größer sein als der zugekaufte. Aber Achtung: Die Bausätze und Fertigteile für Tauch-, Regel- und Steuertechnik sind nicht gerade billig. Je mehr gekauft wird, umso teurer kann am bitteren Ende die Investitionsruine sein, wenn das Bauvorhaben nicht zum Erfolg führt. Deshalb ist die ehrliche Einschätzung der Machbarkeit so sehr wichtig.

Der gesamte U-Boot-Modellbau ist ein komplexer Lernprozess. Wer groß hinaus will, der muss klein anfangen. Natürlich ist auch in diesem Sinne die Machbarkeit eine sehr relative Angelegenheit. Während der eine ein Spitzenmodell vollständig aus Kupferblech baut, weil dies seinen handwerklichen Fähigkeiten am nächsten kommt, baut der andere ein ebensolches Spitzenmodell aus Holz oder Kunststoff. Und keiner der beiden sieht die Methode des anderen als für sich selbst machbar an. Also, viele Wege führen nach Rom, der kürzeste muss nicht der beste sein und der längste nicht der schlechteste.

# Einstieg in den U-Boot-Modellbau

## Individuelle Wünsche

Wie weiter vorne begründet, habe ich mich für die deutschen U-Boote des Zweiten Weltkriegs entschieden, vor allem waren es die Bauformen und Ausrüstungen der Typen II und IX, die mir besonders gefielen. Es ist die Faszination der Details: das begehbare durchbrochene Lauf- bzw. Oberdeck mit den Luken, Verschraubungen, Pollern, Lippklampen, Antennenböcken, der Netzsäge usw. Ein besonderer Reiz geht vom Kommandoturm mit seinen Ausrüstungsdetails, Flakplattformen und den diversen Beschlägen aus. Außerdem besteht die Möglichkeit, das Modell mit filigranen Modellen der 2-cm-, 3,7-cm-, 8,8-cm- und 10,5-cm-Kanonen auszustatten.

Bei allen im Folgenden beschriebenen Modellen bestand der generelle Wunsch nach Rumpfformen, die einen möglichst kreisrun-

**Das erste U-Boot-Modell entstand ohne Bauplan.**

den Querschnitt des Mittelteils haben, davon abweichende Bauformen kamen nicht in Betracht. Der bei vielen U-Boot-Freunden beliebte U-Boot-Typ VII C, der sich durch seine aufgesetzten Satteltanks auszeichnet, hat bei meinen Modellbauprojekten überhaupt keine Rolle gespielt. Hauptgrund dieser Überlegung waren die problemlosere Druckbeherrschung und meine bevorzugte Baumethode. Bekanntlich ist nach den Vorzügen der Kugelform mit der Form des zylindrischen Körpers die zweitbeste Druckfestigkeit zu erzielen. Außerdem ist die Zylinderform bautechnisch durch mehrere Baumethoden relativ leicht zu realisieren, das heißt im Holzbau, Metallbau, GFK-Bau und erst recht im Rohrbau.

Seit Jahrzehnten habe ich Schiffsmodelle aller Arten gebaut, also auch schon in lange zurückliegender Zeit, als an GFK überhaupt noch nicht zu denken war. Deshalb lernte ich von Grund auf, mit Holz zu bauen, und alle meine Modelle – von der Motorjacht über Hafenschlepper, Tonnenleger, Schnellboot, Minensucher, Spezialschiffe usw. – entstanden in der klassischen Manier auf Sperrholzspanten mit Holzleistenbeplankung. Vor allem bei den Rundspantrümpfen perfektionierte ich diese Methode, und da die von mir ausgewählten U-Boote den Extremfall des Rundspantrumpfes geradezu verkörperten, drängte sich fast automatisch der Wunsch auf, meine jahrzehntelange Erfahrung zu nutzen und die U-Boot-Modelle ebenfalls in der alten Art aufzubauen.

Beim dritten U-Boot-Modell wollte mich ein Modellbaufreund zum Bau eines GFK-Rumpfes überreden. Nach reichlicher Abwägung der Vor- und Nachteile bin ich aber beim Holzbau geblieben, wobei ich anderen Modellbauern die vorteilhafte Seite der GFK-Technologie nicht ausreden möchte. Bei meiner Entscheidung hat nicht nur der alte Spruch „Schuster bleib bei deinem Leisten“ im Vordergrund gestanden, sondern ich kam bei meiner eigenen Bewertung zu dem Schluss, dass der Gesamtaufwand, der für einem GFK-Rumpf zu leisten ist, zum Nutzen in keinem vertretbaren

**Es war nicht ganz einfach, nur nach Buchillustrationen zu bauen.**

Verhältnis steht, sofern nur ein Modell des gleichen Typs gebaut werden soll. Da schien mir der Metallbau oder der später von mir praktizierte Holz-Metall-Bau sinnvoller und ökonomischer.

Neben der Detailfülle und dem runden Rumpfquerschnitt kam als dritter Wunsch hinzu, eine Tauchtechnik zu wählen und anzuwenden, die mit geringem Aufwand eine große Funktionssicherheit garantiert. Die Auswertung meiner bisherigen Bauergebnisse und Studien spielten dabei eine große Rolle. Viertens sollten Lösungswege und Techniken gefunden und angewendet werden, die mit meinen Werkzeugen, Maschinen und Werkstattmöglichkeiten zu realisieren waren. Die Gemeinschaftswerkstatt des Vereins hat mir dabei natürlich Möglichkeiten geboten, die sonst nicht in Betracht gekommen wären.

Nicht ohne Grund werden hier Wünsche, Vorlieben und Möglichkeiten so ausführlich erwähnt, denn es ist wichtig zu wissen, ob man sich seine Wünsche auch erfüllen kann. Solche Betrachtungen sollten daher grundsätzlich jedem Bauvorhaben vorausgehen. Egal ob ein Atom-, ein Forschungs- oder ein anderes U-Boot gebaut werden soll, egal ob Metall-, Holz- oder GFK-Bau gewählt wird, zuerst steckt man die Marschrichtung für das Bauvorhaben genau ab. Wenn erst einmal klar ist, was gebaut werden soll, muss man auch Klarheit darüber schaffen, wie gebaut werden soll. Jeder muss sich diese Fragen selbst beantworten. Was will ich und was kann ich? Was liegt mir am meisten? Welche Techniken beherrsche ich am besten? Was lässt meine Werkstattausrüstung zu? Welche Arbeiten kann ich mit meinen Möglichkeiten nicht durchführen? Zu welchen Arbeiten brauche ich fremde Hilfe? Welche Teile oder Baugruppen muss ich hinzukaufen? ... Erst die Antworten bringen Klarheit in das Bauvorhaben. Der gute Rat des Draufgängers „Augen zu und durch“ wäre hier nicht der beste.

## Mein erstes U-Boot-Modell

Es ist Jahre her, als mich zum ersten Mal das U-Boot-Fieber packte, und schon damals galt meine stille Begeisterung den U-Booten des Zweiten Weltkriegs. In den Zeiten, als der Kalte Krieg zwischen Ost und West noch im Gange war, und für einen DDR-Bürger wie mich war der Bau eines Modell-U-Bootes der deutschen Kriegsmarine leichter gesagt als getan. Aber die Idee hatte sich nun einmal in mir festgesetzt und ich ging das Vorhaben an – die Story, die sich daraus ergab, ist es wert, hier erzählt zu werden.

Im Prinzip war es in der DDR mit dem Schiffsmodellbau eine feine Sache. Es gab die staatlich gelenkte Gesellschaft für Sport und Technik, kurz GST genannt, deren Aufgabe darin bestand, die vormilitärische Ausbildung der Jugend massenhaft zu organisieren und zu kanalisieren. In diesem Rahmen hatten aber auch die Modellbauhobbys wie Flugmodellbau, Automodellbau, Schiffsmodellbau und andere Sektionen ihre Nische gefunden. Dies lief so weit sehr gut, wurde gefördert, organi-

Mein erstes Modell war zumindest vorbildähnlich und konnte sich auch damals sehen lassen.

siert und finanziert, solange alles getreu der sozialistischen Zielsetzung auf Kurs geblieben ist. Genau das war der springende Punkt, denn gebaut werden sollten neben den Typen der zivilen Schifffahrt vor allem Modelle nach Schiffen der Sowjetunion, der Warschauer-Pakt-Staaten und der DDR-Volksmarine. Dazu gab es gute Baupläne, Material zum Nulltarif und jede Menge Unterstützung. Andererseits sollten aber Modelle nach Schiffen der Kaiserlichen Marine, der Kriegsmarine, der Bundesmarine und der NATO-Staaten nicht gebaut werden. Also wie sollte man zu einem deutschen U-Boot-Modell kommen? Konsequenterweise gab es natürlich auch keine Baupläne oder Fachbücher für solche Schiffe. Natürlich war es nicht nur der Reiz des Verbotenen, der meinen Wunsch wach gehalten hat, sondern eben der Reiz des deutschen U-Bootes aus dem Zweiten Weltkrieg. Aus Zufall bekam ich ein älteres Buch über deutsche U-Boote in die Hände, das schon vor dem Krieg erschienen war und daher nur vor 1937 gebaute U-Boote behandelte. Gestützt auf die darin abgedruckten Bilder wurden Bauunterlagen, Zeichnungen und Spantenriss selbst erarbeitet. Nach den Größenverhältnissen von Manngröße und Bootsgröße könnte eines der Originale etwas über

**Der Turm nach dem dritten Umbau, denn zwischendurch war es auch mal ein polnischer Typ.**

**Nach dem dritten Umbau ist das Buggeschütz wieder deutsch.** ▶

So sieht das ehemals disqualifizierte Modell heute aus, ist aber außer Dienst gestellt.

40 m lang gewesen sein. Davon ausgehend wurde der Baumaßstab mit 1:30 festgelegt, sodass sich eine Modelllänge von 144 cm ergab. Die 10,5er SK (Schiffskanone) ist ebenfalls nach diversen Fotos entstanden.

Gebaut wurde so, wie ich es in den Jahrzehnten davor gelernt hatte: Rumpfspanten aus Sperrholz und Beplankung mit Holzleisten. Der Zugang zu den Innereien ist von oben gewährleistet, indem ich das Hauptdeck zusammen mit dem Oberdeck auf einer Länge von 60 cm abnehmbar gestaltete. Dieser „Deckel" wurde mit einer eingefetteten Gummidichtung ohne Falz plan aufgesetzt und mit dem Rumpf verschraubt. Eine weitere Baubeschreibung kann hier entfallen, weil mein neues, viertes Modell „U 18", das später ausführlich beschrieben ist, um ein Vielfaches besser gelang. Doch nun zum eigentlichen Knalleffekt der ganzen Sache. Jedes Jahr fanden in der DDR Bezirksmeisterschaften und DDR-Meisterschaften im Schiffsmodellbau und Schiffsmodellsport statt, an denen wir immer erfolgreich teilnahmen, nicht zuletzt, um die kostenlose Materialzuwendung zu rechtfertigen. Also wurde das U-Boot-Modell zur Meisterschaft angemeldet, aber ohne Nummer und ohne Typbezeichnung an den Start gebracht, es sollte zeitlich weder in der Kaiserlichen Marine noch in der Kriegsmarine angesiedelt sein. Vielleicht ließe sich das Verbot ja so umgehen. Die Enttäuschung war jedoch groß, denn die Punktrichter haben am Turmaufbau, am Buggeschütz und vor allem an der Netzsäge das Boot als ein deutsches identifiziert und disqualifiziert. Ein Jahr später wurde das Modell mit einigen Veränderungen zur Bezirksmeisterschaft als polnischer Typ in der Klasse EK erneut gestartet. Es hat dort den ersten Platz belegt und eine Goldmedaille bekommen. Das ist zwar kurios, aber die Welt war wieder in Ordnung.

## U 505, nach Bauplan gebaut

Nach dem 9. November 1989 wurde für die ostdeutschen Schiffsmodellbauer alles anders. Plötzlich hatten wir Zugang zum westlichen Markt und die Vielzahl an Bauplänen, Fachbüchern, Bauteilen, Materialien, Baugruppen, Bausätzen mechanischer und elektronischer Art und die vielen Kataloge zu diesem Hobby erschienen uns zunächst als eine neue, unüberschaubare Modellbauwelt. Nun stand sie auch für uns offen, die Kaiserliche Marine, die deutsche Kriegsmarine und alles andere.

Natürlich war der Nachholbedarf groß. Fachbücher wurden gekauft und Planrollen zum U-Boot-Bau studiert. Das nächste Bauvorhaben war schnell definiert: U 505 vom Typ IX C sollte es sein. Es war auch die außergewöhnliche Geschichte dieses Frontbootes und sein Verbleib in einem Museum der USA, die mich beeindruckte. Über die letzte Feindfahrt von U 505 und seine Aufbringung durch die Amerikaner habe ich u.a. in meinem Buch „Bautechniken für Schiffsmodelle" (s. Literaturhinweise im Anhang) geschrieben und dort auch über Baumethode, Bauablauf und Erprobung berichtet, sodass hier nur das Nötigste genannt wird.

Als wichtigste Bauunterlage diente das Buch „Vom Original zum Modell, Ubootyp IX C" von Fritz Köhl und Axel Niestlé (s. Literaturhinweise im Anhang). Es gibt auch andere Baupläne zum Typ IX C, von denen ich mir zusätzlich einen gekauft habe. Die meisten dieser Pläne lassen aber hinsichtlich Vollständigkeit und Genauigkeit der Details viel zu wünschen übrig. Ohne zusätzliche Detailfotos kann man damit kaum vorbildgetreu bauen. Noch schlechter sieht es mit dem Innenleben eines funktionsfähigen U-Boot-Modells aus. Konkrete Bauunterlagen sucht man dazu in der Regel vergeblich. Ich beschreibe daher in der zweiten Hälfte dieses Buches am Beispiel des U-18-Modells die praktische Seite der Funktionen so ausführlich wie möglich. Außerdem kann ich dem interessierten Leser das Buch „Technik der U-Boot-Modelle" von Norbert Brüggen (s. Literaturhinweise im Anhang) sehr empfehlen.

U 505 war mit 76,7 m Länge, 6,76 m Breite und mehr als 1.000 t Einsatzverdrängung das damals größte Frontboot mit dem größten Aktionsradius. Es verfügte über sechs Torpedorohre und konnte 22 Torpedos im standardisierten Kaliber 533 mm mitführen. Die Standardartillerie bestand aus einer 10,5 cm SK C/

**Turmansicht vom Typ IX C, gesehen von Steuerbord achtern**

32 in U-Boot-Lafette C/36, einer 3,7 cm SK C/30 in U-Boot-Lafette C/39 und einer 2 cm Flak 30 in Sockellafette 30/37. Allerdings gab es bei der Flak auch andere Bewaffnungsvarianten wie z.B. 2 cm in Zwillingslafette, 3,7 cm in Zwillingslafette, zwei 1,5 cm MG 151 Z in versenkbaren Lafetten und sogar die 2-cm-Vierlingsflak. Es gibt also viele Ausstattungsmöglichkeiten für dieses Modell, wobei die verschiedenen Turmvarianten noch gar nicht genannt sind. Entscheidend für den Bau war wieder der annähernd kreisrunde Querschnitt des Rumpfes. Dies kam meinen alten Baugewohnheiten sehr entgegen.

Bei Bau und Fahrbetrieb hatte ich die wichtigsten Erfahrungen im U-Boot-Modellbau gesammelt und mich vor allem von den Vorzügen und von der Funktionssicherheit des Kolbentanks überzeugt. Darauf wird an späterer Stelle noch sehr ausführlich eingegangen. Die Bilder zeigen, dass es ein sehr attraktives Modell geworden ist. Lösungsweg und Baumethode hatten sich als richtig erwiesen. Bereits zur ersten Probefahrt funktionierte alles bestens. Das Tauchen ist sowohl in Fahrt als auch ohne Fahrt kein Problem. Natürlich ist die handgesteuerte Tauchfahrt ohne eine automatische Tiefensteuerung nicht gerade leicht. Man muss es erst lernen, mit dem Tiefenruder umzugehen, wobei das Modell aber nicht außer Blickkontakt geraten darf. Wahrscheinlich reagiert ein schweres Modell wegen des Massenträgheitsmoments wesentlich gutmütiger auf die Ausschläge des Tiefenruders als z.B. ein zu leichtes Modell. Das Schwere ist träge, während das Leichte sprunghaft reagiert. Mit 6 V Bordspannung und 20 Ah Akkukapazität kann man stundenlang am Teich sitzen und seinen Fahrspaß haben, und wenn man mal Pause machen möchte, legt man das Boot einfach auf Grund.

Jedes gebaute Modell bereichert den persönlichen Erfahrungsschatz, man hat neue Erkenntnisse gewonnen und würde beim nächsten Modell dies oder jenes anders machen. Es wurde daher bald zur Gewissheit, dass mein U 505 auch nur ein Meilenstein auf dem Wege zum gereiften U-Boot-Modellbau sein wird. Es war ein Stück Weg des Lernens. Heute betrachte ich auch dieses Modell nur als Lernobjekt, aber noch nicht als Lehrobjekt.

## U 23, eine Eigenkonstruktion

Das Interesse für U-Boote war nach zwei Modellen keinesfalls erloschen und das dritte dieser Serie schnell konzipiert. Die Bewertungskriterien des Vorgängermodells bildeten die Grundlage für die neue Aufgabenstellung. Erstens sollte der Restauftrieb gegenüber dem U-505-Modell weiter vergrößert werden, um die Freibordhöhe im aufgetauchten Zustand 100%ig, d.h. bis zur Hauptdeckebene, über Wasser zu bringen. Also bestand die erste Aufgabe darin, einen geeigneten Pneumatikzylinder bei der Maschinenbauindustrie zu finden, um ihn wieder als Kolbentank für das U-Boot-Modell zu nutzen. Natürlich wurde ich an gleicher Stelle fündig, in einer Firma also, wo solche Pneumatikzylinder nach überschrittener Laufzeit ausgewechselt werden und in den Schrottcontainer wandern. Mit 1,7 l nutzbarem Flutvolumen schien die richtige Größe gefunden zu sein, was sich später in der Fahrpraxis als ausreichend erwies. Zweitens sollte die Tauchzeit um wenigstens zehn Sekunden verkürzt werden. Da aber der Wasserdruck bei dem größeren Kolbendurchmesser je nach Tauchtiefe relativ groß werden kann, mussten auch die Schubkräfte an der Kolbenstange bzw. -spindel durch einen größeren Motor und durch ein stärkeres Getriebe erhöht werden. Drittens sollte der Rumpfquerschnitt im Bereich der größten Durchmesser wieder der Kreisform nahe kommen. Die deutschen Typ-II-Boote, die so genannten Einbäume, haben es mir angetan, und da nun mal der Wille des Menschen Himmelreich ist, wurde diese Idee ohne zu zögern in die Tat umgesetzt. Ein Schiffsmodell ist schließlich die Verkörperung der Idee des Schiffsmodellbauers. Also galt nun das gesamte Interesse diesem Typ. Nach einschlä-

**Auch dieser Typ II ist mit seiner Schwarzmeer-Nachrüstung ein sehr attraktives U-Boot-Modell.**

**Da nationalsozialistische Symbole in der Öffentlichkeit nicht gezeigt werden dürfen, kann man das Hakenkreuz in der Kriegsflagge z.B. durch eine Kanalnummer abdecken.**

gigem Literaturstudium fiel die Entscheidung auf das Schwarzmeerboot U 23. Selbstverständlich wurde wieder die Geschichte dieses Bootes ausgegraben: der abenteuerliche Transport auf Elbe, Autobahn und Donau, die Schwarzmeereinsätze bei der 30. U-Flottille und schließlich die Selbstversenkung – genug Gründe, um dieses Boot als Vorbild auszuwählen. Außerdem sind eben diese Schwarzmeervarianten besonders interessant, weil sie hinsichtlich Turmanbau, Flakplattform und Artilleriebewaffnung beachtlich nachgerüstet wurden und somit detailreicher als die normalen Typ-II-Ausbildungsboote waren.

Das Original hatte nur 42,7 m Länge, 4,08 m Breite, 278,9 $m^3$ Verdrängung über Wasser und 328,5 $m^3$ unter Wasser. Der kreisförmige Querschnitt in Rumpfmitte wirkte sich für den Modellbau vorteilhaft aus und die geringe Bootsgröße ermöglichte den detailgünstigen Baumaßstab 1:20. Die ausführliche Baubeschreibung findet der Leser ebenfalls im genannten Buch „Bautechniken für Schiffsmodelle" (s. Literaturhinweise im Anhang). Zu den Bauunterlagen gehörte selbstverständlich das Buch „Vom Original zum Modell: U-Boottyp II, Die 'Einbäume'" von Eberhard Rössler (s. Literaturhinweise im Anhang). Auf der Grundlage dieses Buches ist vom Linienriss über Spantenriss bis zum kompletten Rumpf die Eigenkonstruktion des Modells entstanden, bei dem erstmals meine Kombination von Holz und Alublech verwendet wurde.

Das Konzept hat sich gut bewährt. Bereits der erste Schwimm- und Tauchversuch klappte auf Anhieb. Die Freibordhöhe bei Überwasserfahrt wirkte sich auf das Erscheinungsbild gut aus. Es hat Spaß gemacht, mit diesem Modell Kaleu zu spielen. Besonders vorteilhaft ist die absolute Witterungsfestigkeit von U-Boot-Modellen: Wind und Wetter spielen überhaupt keine Rolle, und wenn es nach Hause geht, wird das Modell einfach mit dem Gartenschlauch abgespritzt. Allerdings gab es einen verdeckten, aber folgenschweren Mangel. Da der Kolbentank wegen seiner Größe fest eingebaut war, musste er nach jedem Einsatz mit einem eingeschobenen Schlauch und ausreichendem Wasserdruck ausgewaschen werden. Leider war dies auf Dauer nicht ausreichend. Also wieder ist nicht alles perfekt, denn eines Tages kam der große Hammer. Nach vier Jahren wurde nämlich für das erste Modell die ungewollte Außerdienststellung notwendig. Wenn ein gutes Funktionsmodell über Nacht zum Standmodell wird, ist das, wie sich der Leser sicher vorstellen kann, ein schwarzer Tag im Leben des Erbauers und die daraus gewonnene Erkenntnis mit teurem Lehrgeld erkauft. Auf alle Fälle führte dieses Ereignis zu dem Schluss, noch ein viertes Modell zu bauen.

## Das Alte bewerten, Neues konzipieren

Es bewahrheitete sich wieder einmal: Der Mensch lernt nie aus. Und den U-Boot-Modellbau erlernt er am besten, indem er ihn ausübt. Wie wahr! Drei Modelle hatte ich bereits gebaut und war bei jedem zum Zeitpunkt der Entstehung überzeugt, alles richtig gemacht zu haben. Das Bauen selbst ist somit ein Lernprozess und auf der Basis des Erlernten wird jedes neue Modell auf einer höheren Qualitätsstufe angesiedelt sein. Dass man aus Fehlern klüger wird, stimmt aber nur dann, wenn aus ihnen tatsächlich die Lehren gezogen werden. Also wurden alle Plus- und Minuspunkte aufgeschrieben, ausgewertet und die Zielstellung für ein noch besseres, vielleicht sogar makelloses Modell erarbeitet. Zuerst galt es, die wichtigste Lehre zu ziehen. Zuvor habe ich erwähnt, dass das erste Modell schon nach wenigen Jahren außer Dienst gestellt werden musste. Die Ursache? Der Kolbentank war durch Rost- und Schmutzverkrustung unbrauchbar geworden. Das Problem? Der Kolbentank ist nicht auswechselbar. Der vorbildgetreue Modellbau hatte wegen der geringen Oberdeckbreite den festen Einbau des relativ großen Kolbentanks not-

wendig gemacht. Die Tankanlage hatte einschließlich der Kopf- bzw. Deckelteile einen zu großen Gesamtdurchmesser, sodass die Sperrholzspanten direkt auf den Tankzylinder geschneidert werden mussten. Ich muss heute zugeben, dass das ein Fehler war. Die Abbildungen in meinem mehrfach erwähnten Buch „Bautechniken für Schiffsmodelle" zeigen, dass der Kolbentank derart schlüssig im Spantskelett integriert ist, dass das Modell zerstört werden müsste, um ihn wieder herauszubekommen. Das alljährliche Auswaschen mit Wasserdruck konnte den Totalausfall letztlich nicht verhindern. Trotzdem blieb der Kolbentank wegen seiner eindeutigen Vorzüge die von mir favorisierte Tauchtechnik, jedoch musste er, und sei er noch so groß, künftig so eingebaut sein, dass man ihn für Wartungs- und Servicearbeiten herausnehmen konnte. Kolben und Zylinder müssen wenigstens einmal im Jahr zerlegt, gesäubert und neu gefettet werden. Das neue, vierte U-Boot-Modell war deshalb so zu konstruieren, dass es sich zu jeder Zeit in alle wichtigen Einzelteile zerlegen ließ. Bei vielen Modellen, wie beispielsweise Atom-U-Booten, Phantasie-U-Booten und anderen, wird dies längst praktiziert, eine solche Lösung aber auch am Modell eines U-Bootes aus dem Zweiten Weltkrieg anzuwenden, war zumindest für mich etwas Neues. Zweitens wollte ich bei der Neukonstruktion sogar eher einen noch größeren Kolbentank einsetzen, hatte sich diese Technik doch in den bisherigen Modellen als beherrschbar und funktionssicher erwiesen. Drittens hat sich das Tauchen ohne zusätzliche Trimmtanks oder andere Trimmeinrichtungen bestens bewährt. Dies bedeutet, dass mit der Neukonstruktion Gewichts- und Auftriebschwerpunkt derart konzipiert werden mussten, dass die metazentrische Höhe etwa 10–20% von der Rumpfhöhe beträgt. Dies schien für die selbstaufrichtende Wirkung groß genug, aber für eine automatische Tiefensteuerung noch nicht zu groß zu sein. An späterer Stelle wird diese Problematik tiefgründiger beschrieben. Obwohl beim idealisierten Tauchzustand der Auftrieb genauso groß ist wie das Gewicht, soll viertens diese Gleichung nicht durch Trimmgewichte erfüllt werden, sondern durch Hinzufügung von Trimmauftrieben. D.h., die modell- und funktionsbedingten Nutzgewichte sollen ein Gesamtgewicht ergeben, das etwa um 20% geringer ist als das maßstabgerechte Modellgewicht. Auf uneffektiven Bleiballast wollte ich möglichst ganz verzichten. Die gefundene Lösung werde ich später zeigen. Ausgehend von Erfahrung und Vorliebe zum Holzbau, sollte fünftens das Modell unterhalb der Wasserlinie zum Teil aus Holz und zum Teil aus Kunststoffrohr, aber über der Wasserlinie wieder aus Alublech gebaut werden. Der Zugang zur Tauchtankanlage sollte durch eine Sektionsbauweise des Rumpfes gewährleistet sein, wobei die Bug- und Hecksektionen wieder in der klassischen Bauweise mit Sperrholzspanten und Holzleisten geplant wurden. Sechstens schien es ratsam, nicht wie bisher das vordere Tiefenruder, sondern das Tiefenruder achtern zu betätigen. Die erhofften Vorteile bestanden darin, dass einerseits das Tiefenruder im Wasserstrom des Propellers besser wirkt und andererseits die Wellen nur nach hinten, also nur nach einer Seite, aus dem druckfesten Zylinderteil herausgeführt werden müssen. Siebtens legte ich die Bordspannung nicht wie bisher auf 6 Volt, sondern auf 12 Volt fest. So werden erstens die Ströme reduziert, zweitens das Anlaufverhalten der Motoren verbessert und drittens die Empfänger-Stromversorgung über BEC-System aus der Fahrbatterie gesichert. Bekanntlich kann bei ungewollter Unterladung eines 6-V-Akkus die Empfängerspannung unter 4,8 V absinken, wodurch die vom Empfänger abgegebenen Impulstelegramme entweder wild oder gar nicht mehr abgegeben werden.

Achtens war die bisherige Lösung der aufgeschraubten Oberdeckdeckel zu umständlich. Durch von oben einschraubbare Lukendeckel sollte die Zugängigkeit für Schalter, Buchsen, Tauchtiefenregler, Signallampen, Sicherungen und Messpunkte verbessert werden. D.h., unabhängig von der geplanten axialen Sektionstrennung sollte ein schnelles Öffnen und Schließen des druckfesten Zylinders der Zentralsektion möglich sein.

**Eine reine Hobbylaune ist die 3,7 cm Flak hinter dem Turm, auch die 8,8 cm SK, denn solche Kaliber gab es nie auf Typ II.**

# Grundregeln für den Eigenbau

## Zum Vorbild U 18

Bei der Auswahl des Vorbildes war an den so genannten Einbäumen nicht mehr vorbeizukommen. Vor allem ließ sich mit dem Typ II die genannte Zielstellung am günstigsten realisieren, und zur Konkretisierung wurde letztlich wieder ein Schwarzmeerboot, nämlich das U 18, ausgewählt und nach alter Gewohnheit seine Geschichte ausgeforscht. Gemäß der Bedeutung, die ich der Vorbildbewertung beimesse, ist es meine Grundregel Nummer 1, mich mit dem ausgewählten Original bis ins Kleinste vertraut zu machen und seine Geschichte sowie alle technischen Daten genau zu kennen. Es ist unumstritten, dass ein Modell umso besser gelingt, je mehr der Erbauer mit dem Original vertraut ist.

U 18 wurde am 4. Januar 1936, also kurz nach Aufkündigung des Versailler Vertrages, in Dienst gestellt. Anfänglich war es in der 1. U-Flottille und ab Oktober 1937 in der 3. U-

An der veränderten Rumpfform ist die zylinderförmige Zentralsektion zu erkennen.

**Die nicht vorbildgetreue Rumpfform wirkt nicht störend auf die Gesamterscheinung.**

Flottille in der Ostsee zu Ausbildungszwecken eingesetzt. Zu Kriegsbeginn wurde es für kurze Zeit nach Memel und dann noch 1939 in die Nordsee verlegt. Anfang 1940 fuhr das Boot unter Kommandant Oblt. Ernst Mengersen die ersten Torpedofronteinsätze vor der britischen Ostküste. Für größere Atlantikunternehmungen war der als Küsten-U-Boot konstruierte Typ II nicht geeignet, sodass U 18 zusammen mit anderen Booten gleicher Größe 1941 zur Schulflottille nach Gotenhafen verlegt wurde.

1942 begann die eigentliche Odyssee. Im Herbst kam U 18 zu den Deutschen Werken Kiel. Durch Ausbau von Batterien, Hauptmaschine, Turm u.a.m. wurde das Boot geleichtert, auf die Seite gelegt und durch Pontons gestützt auf der Elbe bis Dresden, auf der Autobahn nach Regensburg und von dort auf der Donau zum Schwarzen Meer transportiert. In Galatz erfolgte im Frühjahr 1943 der Zusammenbau bzw. die Herstellung der Gefechtsbereitschaft sowie die Überführung zum U-Boot-Stützpunkt der 30. U-Flottille Konstanza. Unter Führung der Kommandanten Oblt. Karl Fleige und später Oblt. Rudolf Arendt wurden dann Torpedoeinsätze im Schwarzen Meer gefahren. Nach einschlägigen Literaturangaben soll U 18 dort insgesamt vier Handelsschiffe, einen Minensucher, zwei Kanonenboote, zwei Schlepper und einen Leichter versenkt haben. Am 20. August 1944 wurde U 18 neben anderen Booten durch Bombentreffer so schwer beschädigt, dass es durch Selbstversenkung aufgegeben werden musste. Von der 30. U-Flottille ist kein Boot nach Deutschland zurückgekehrt. Wie andere Boote dieses Typs hatte U 18 eine Länge von 42,7 m und eine Breite von 4,08 m. Die Verdrängung betrug bei Überwasserfahrt 278,9 t und bei Unterwasserfahrt 328,5 t, die Differenz von 49,5 t entspricht also einem Restauftrieb von 18%. Das Tauchtankvolumen war mit 52 m³ so groß, dass das Boot mit 2,5 t Untertrieb auf Grund gelegt werden konnte. Beim Alarmtauchen erreichte das Boot nach 35 Sekunden 10 m Tauchtiefe.

Die Boote vom Typ II B hatten nur drei Bugtorpedorohre und konnten fünf Torpedos an Bord nehmen. Anders war es bei der Artillerieausstattung, denn diese wurde auf den Schwarzmeerbooten mehrfach ergänzt und verändert. Es gab vom Grundtyp ausgehend eine 2 cm Flak, versenkbar im druckfesten Sockelbehälter. Aber auch die normale Flak 30, die 2 cm Zwillingsflak und auch die 2 cm Zwillingsflak 38 wurden nachträglich an Bord genommen. Die Schwarzmeerboote waren daher die einzigen, die nachträglich mit einem Turmanbau als Flakplattform, dem so genannten Wintergarten, nachgerüstet wurden. Auch die Antennenausstattung war wegen der gegnerischen Radar- und Funkmessgefahr anders als bei den so genannten Schulbooten. Neben den üblichen Langdrahtantennen waren Stabantenne, Runddipol, Biscaya-Kreuz, verbesserte Metox und andere möglich.

Es sind also interessante Details, die das U-Boot attraktiv machen. Allerdings bedingte die Eigenkonstruktion vor allem beim Rumpf einige Abweichungen vom Original, daher spreche ich beim nachfolgend beschriebenen Modell nicht mehr von 100%iger Vorbildtreue, sondern von Vorbildähnlichkeit. Dies ist auch der Grund dafür, dass an den Turmseiten die Nummer „18“ fehlt. Natürlich brauche ich die kritischen Blicke der Naviga-Punktrichter nicht mehr zu fürchten, aber diesen Hinweis bin ich wenigstens den U-Boot-Spezialisten unter meinen Lesern schuldig.

## Zum Tauchen im Allgemeinen

Meine Grundregel Nummer 2 sagt aus, sich mit den theoretischen Grundlagen des U-Boot-Baus gründlich vertraut zu machen und sich, soweit notwendig, die Schulkenntnisse aus den Bereichen Mathematik und Physik in Erinnerung zu rufen. Die theoretischen Grundlagen für den U-Boot-Bau sind komplizierter, vielschichtiger und tiefgründiger, als es hier beschrieben und gezeigt werden kann. Die folgenden Darlegungen umfassen daher lediglich das Einfachste und das für den U-Boot-Modellbau Notwendigste, dafür gilt es aber im vollen Umfang für alle Modelltypen, unabhängig davon, ob es sich um Forschungs-U-Boote, moderne oder altertümliche U-Boote, Phantasie-U-Boote oder andere handelt. Demjenigen, der tiefer in die Materie eindringen will, empfehle ich die Bücher „Unterseebootbau“ von Ulrich Gabler und „Technik der U-Boot-Modelle“ von Norbert Brüggen (s. Literaturhinweise im Anhang).

Selbst erfahrene Schiffsmodellbauer haben den Fehler gemacht, beim Bau von U-Boot-Modellen von den Kenntnissen und Gewohnheiten auszugehen, die sie mit normalen Schiffsmodellen erworben haben. Wer da dann glaubt, den Auftrieb des Bootskörpers zu überwinden, indem so lange Gewichte hinzugefügt werden, bis das Modell bis zur CWL eintaucht, und dann zum Tauchen nur den Tank fluten will, muss sich nicht wundern, wenn Schiffbruch erlitten wird. Man muss also wenigstens die physikalischen Zusammenhänge und Bedingungen der zugehörigen Einflussfaktoren kennen, um beim Bau die richtigen Entscheidungen zu treffen. Dabei handelt es sich vor allem um Wichte, Gewichte, Volumen, Verdrängung, Auftrieb, Stabilität, Druck und Festigkeit. Die aus diesen Einflussfaktoren zu ziehenden Schlussfolgerungen obliegen einzig und allein dem Modellbauer. Die allgemein üblichen Modellbaupläne für U-Boote machen zu diesen Dingen in der Regel überhaupt keine Aussage. Man muss den physikalisch-technischen Zustand des Tauchens für das eigene Modell bereits vor Baubeginn genau definieren und für die Modelldimension konkret selbst berechnen können. Nach irgendeinem Bauplan einfach das Bauen anfangen und hinterher zu versuchen, dem Modell irgendwie das Tauchen beizubringen, geht mit 100%iger Sicherheit schief. Meine Grundregel Nummer 3 lautet, dass bei jeder Projektierung, bei jeder Betrachtung und bei jeder Berechnung grundsätzlich vom Zustand des getauchten U-Boot-Modells auszugehen ist. Dazu wird zunächst ein theoretischer Idealzustand des Schwebens unter Wasser in konstanter Tiefe angenommen und später dann beschrieben, dass sich dieser als stabil angenommene Zustand unter dem Einfluss des Wasserdrucks in der Praxis selbständig und permanent verändert.

Erinnern wir uns zunächst an das archimedische Gesetz. Es besagt, dass ein Körper beim Eintauchen in eine Flüssigkeit einen Auftrieb erfährt. In unserem Fall ist der Körper das U-Boot-Modell und die Flüssigkeit das Wasser. Die Kraft des Auftriebs ist so groß wie das Gewicht der verdrängten Wassermenge. Im Falle des angenommenen Schwebezustandes herrscht ein Gleichgewicht der Kräfte. Wenn beispielsweise ein U-Boot-Modell mit seinem Gesamtgewicht 20 l Wasser verdrängt, so beträgt sowohl der nach oben gerichtete Auftrieb 20 kg als auch das nach unten wirkende Modellgewicht 20 kg. Wie gesagt: Nur im Falle des angenommenen Schwebezustandes unter Wasser herrscht dieses Gleichgewicht der Kräfte. Es ist sehr wichtig, dass bei dieser Grundsatzberechnung meine Grundregel Nummer 4 beachtet wird. Diese sagt aus, dass in der Summe des Gesamtgewichtes das Gewicht des Wassers im Tauchtank enthalten sein muss.

Wird dieses Gleichgewicht gestört, z.B. durch Reduzierung des Gewichtes oder durch Vergrößerung des Auftriebs bzw. durch Lenzung des Tauchtanks, so steigt das U-Boot-Modell nach oben und wird mit dem Betrag seines Gewichtes über die Wasseroberfläche gehoben, um den das anfängliche Gleichgewicht verändert wurde. Dieser Betrag wird allgemein als Restauftrieb bezeichnet.

Wenn im umgekehrten Fall das anfängliche Gleichgewicht durch Erhöhung des Gewichts oder durch Reduzierung des Auftriebs oder durch weitere Flutung gestört wird, dann sinkt das Boot nach unten, bis es mit dem

**Backbordansicht von vorne aus der Kaiperspektive**

Gewichtsbetrag der durchgeführten Veränderung auf Grund aufsetzt. Diesen Betrag nennt man allgemein Untertrieb.

Aus diesen Darlegungen wird deutlich, welch entscheidende Rolle der Tauchtank spielt. Je größer sein Fassungsvermögen bzw. je größer das Gewicht der flutbaren Wassermenge, umso größer wird beim Lenzen das Ungleichgewicht zwischen Auftrieb und Gewicht, umso größer ist der Teil des U-Boot-Modells, der im aufgetauchten Zustand über die Wasseroberfläche gehoben wird. Diese Tatsache, die ich als Grundregel Nummer 5 betrachte, bedingt, dass der Modellbauer seinen Tauchtank so groß wählen muss, dass mit der gelenzten Wassermenge so viel vom Modell über die Wasseroberfläche gehoben werden kann, wie es der Erbauer wünscht. Das bisher Gesagte lässt erkennen, dass die Größe des aufgetauchten Gewichtsanteils eines U-Boot-Modells einzig und allein vom Tauchtankvolumen, nicht aber vom Gewicht des Bootes abhängig ist. Ein Tauchtank mit beispielsweise 1 l Fassungsvermögen kann nur 1 kg des Modells über die Wasseroberfläche heben. Dabei ist es völlig gleichgültig, ob unser U-Boot-Modell 10, 20 oder 30 kg oder noch mehr auf die Waage bringt.

Bei der Dimensionierung des Tauchtankvolumens kann man in etwa sagen, dass beispielsweise für die Modelle von Atom-U-Booten, Forschungs-U-Booten und ähnliche Arten 4–6% des Gesamtvolumens ausreichend sind. Für U-Boot-Modelle, die nach Vorbildern des Ersten oder Zweiten Weltkrieges gebaut werden, sollte das Tauchtankvolumen mindestens 6–8% des Gesamtvolumens bzw. Modellgewichtes ausmachen. Noch besser wäre es, wenn 9 oder gar 10% erreicht werden, aber das scheitert oft an den Abmessungen des maßstabgerecht gebauten Modells. Wenn z.B. ein VII-C-Modell 30 kg wiegt, was übrigens ganz normal wäre, dann müsste die Tauchtankkapazität 3 l betragen, aber selbst die Verteilung auf zwei Tauchtanks à 1,5 l ist angesichts der Modelldimensionen unmöglich. Jeder Modellbauer muss halt selbst versuchen, dieses Ver-

**Backbordansicht von achtern. Man erkennt die Stützen des nachträglichen Turmanbaus.**

hältnis für seinen speziellen Fall zu optimieren. Später zeige ich auch noch die Möglichkeit, bei großen Modellen die Gesamtverdrängung derart zu minimieren, dass 10 oder gar 11 und 12% Tauchtankvolumen möglich sind.

Obwohl laut Grundregel Nummer 4 das Gewicht des gefluteten Wassers im Rechenansatz berücksichtigt werden muss, ist es ratsam, das Gleichgewicht so zu dimensionieren, dass für die Unterwasserfahrt etwa 80% des Tauchtankvolumens genutzt werden. Ausgehend vom Gleichgewicht des angenommenen Schwebezustandes hat man dann beim praktischen Tauchbetrieb sowohl eine ausgleichende Reserve für das Regelsystem der Unterwasserfahrt als auch einen ausreichenden Untertrieb bei 100% Tauchtankflutung, damit das Modell sicher auf Grund gelegt werden kann.

## Zur Druckfestigkeit

In diesem Abschnitt geht es nun um Erfordernisse, die von den meisten U-Boot-Modellbauern unterschätzt werden. Ein U-Boot-Modell kann in seinen Funktionen hervorragend ausgeklügelt und in seiner Funktionssicherheit perfekt sein, aber bei mangelnder Druckfestigkeit geht es unweigerlich verloren. Meine Grundregel Nummer 6 heißt daher, dass ein U-Boot-Modell niemals tiefer tauchen darf, als es die berechnete Druckfestigkeit zulässt.

Dies ist leichter gesagt als getan, denn es ist nicht immer leicht, Theorie und Praxis unter einen Hut zu bringen. So mancher Modellkapitän hat gedacht, sein Modell sei sicher, weil er z.B. eine automatische Tauchtiefenbegrenzung mit Zwangslenzung eingebaut hat, und wurde dann doch enttäuscht. Natürlich ist es richtig, eine solche Maßnahme vorzusehen, aber sie allein tut es noch nicht. Eine derartige Begrenzung ist keine Garantie! Ungewollte Tauchtiefen können z.B. durch Steuerfehler oder durch Steuerdefekt erreicht werden, und wenn dann bei trübem Wasser das Modell außer Sicht gerät, ist es oft schon zu spät. Viele sagen: „Mir kann das nicht passieren, mein Modell ist dicht“, oder „Ich tauche nur in Gewässern, die nicht tiefer als 2 m sind“ – genau in solchen Auffassungen stecken die Gefahren. Greifen wir nochmals zum guten, alten Physikbuch, worin es heißt: „Eine Wassersäule von 10 m Höhe bewirkt einen Druck von 1 kg/cm², was einer technischen Atmosphäre entspricht.“ Analog gilt dies in 10 m Wassertiefe. Dieser Wasserdruck pflanzt sich in gleicher Stärke allseitig fort und wirkt gleichermaßen auf alle Oberflächenteile des in Wasser eingetauchten Körpers. Dieser Druck ist im Prinzip eine richtungslose Größe. Erst seine Wirkung auf eine Fläche ergibt eine Kraft, deren Richtung durch die Lage dieser Fläche bestimmt wird.

Hierzu ein Beispiel: Nehmen wir an, ein Körper in kreisrunder Zylinderform hat 80 cm Länge, 14 cm Durchmesser und wird in 10 m Tiefe unter Wasser gehalten. Um zu wissen, wie sich dort der Wasserdruck mit 1 kg/cm² auf den Körper auswirkt, muss seine gesamte Oberfläche nach bekannter Formel in Quadratzentimetern ausgedrückt werden:

Gesamtfläche =
2 × Grundfläche + Mantelfläche

$$F = \frac{D^2 \cdot \pi \cdot 2}{4} + D \cdot \pi \cdot L$$

Daraus ergibt sich, dass der zylindrische Körper eine Oberfläche von 3.825 cm² hat und einem allseitigen Druck von mehr als 3,8 t ausgesetzt ist. Wenn es sich hier um einen Hohlkörper mit normal stabiler Wandung aus Blech oder Kunststoff oder gar aus stabilem Abflussrohr handelt, würde er unter solch einem Druck vollständig zerquetscht bzw. zusammengepresst.

„Alles Quatsch“, wird der Unwissende sagen, „mein Modell taucht höchstens 1 m tief.“ Nun gut, oben genannter Körper hat die Vorzugsform eines Modell-U-Bootes normaler Größe, es taucht 1 m tief und erfährt dort einen Wasserdruck von nur 0,1 kg/cm². Das ergibt nach obiger Rechnung einen allseitigen Druck von 382,5 kg. Da staunt der Laie und der Fachmann wundert sich nicht, sondern er weiß auch, dass es sofort mehr als 700 kg werden, wenn das Modell ungewollt, aus welchen Gründen auch immer, in 2 m Tiefe außer Kontrolle gerät.

Spätestens an dieser Stelle wird deutlich, dass der wasserdichte Mittelteil in erster Linie ein druckfester Mittelteil sein muss. Die gleiche Druckbelastung tritt aber auch im Tauchtank auf, wo sie noch gefährlicher werden kann. Ein Hohlzylinder hält viel weniger Innendruck aus als Außendruck. Sein Gefüge stützt sich gegen den Außendruck, dagegen wird ihn ein überhöhter Innendruck aufplatzen lassen. Mit einem PVC-Rohr aus dem Baumarkt ist da also nichts zu machen, ein innen polierter Stahlzylinder ist immer noch das Beste. Der gleiche Druck wirkt ebenso auf die Fläche des Kolbens. Wenn dieser beispielsweise einen Durchmesser von 10 cm hat, wirkt der Wasserdruck bei 1 m Tauchtiefe mit ca. 9 kg auf seine Oberfläche. Dies ist neben den Festigkeitsanforderungen zusätzlich zu beachten, weil durch Motor, Getriebe und Gewindespindel neben den Reibungsverlusten mehr als 9 kg Schubkraft aufgebracht werden müssen.

Zur Grundregel Nummer 6 gehört es, die Gefährlichkeit der Kompressibilität zu erkennen. Im Gegensatz zum Modellgewicht, das unabhängig von der Tauchtiefe konstant bleibt, ist das Modellvolumen tauchtiefenabhängig veränderlich. Alle Modell- und Rumpfteile und vor allem die wasserdichten Hohlräume sind kompressibel. Wie unser obiges Beispiel zeigte, wirken unter Wasser relativ hohe Drücke auf jeden Quadratzentimeter des Modells. Durch Kompression findet zunehmend eine Volumenverkleinerung statt. Verkleinert sich aber das Volumen, so verkleinert sich die Wasserverdrängung und somit auch der Auftrieb. Dadurch wird das eingangs beschriebene Gleichgewicht zwischen Gewicht und Auftrieb permanent ungleich. D.h., jedes Modell sinkt permanent, sobald es unter die Wasseroberfläche gerät. Wer da glaubt, sein besonders druckfest gebautes Modell im statischen Tauchgang konstant auf gleich bleibender Tiefe halten zu können, wird von den physikalischen Einflüssen schnell eines Besseren belehrt. Bereits dicht unter der Oberfläche setzt die Kompression ein und schon ganz wenige Gramm Auftriebsverlust bewirken ein kleines Ungleichgewicht, welches das Modell weiter sinken lässt. Bei jedem weiteren Sinken, auch wenn es zunächst nur Zentimeter sind, setzt sich die Auftriebsreduzierung fort, weil sich der wirksame Wasserdruck laufend erhöht. Ja, der Sinkvorgang setzt sich nicht nur fort, sondern wird durch den ständigen Druckanstieg permanent beschleunigt, das Modell sinkt also immer schneller tiefer, bis es auf Grund aufsetzt. Dieser Vorgang ist ohne technische Zusatzmaßnahmen nicht aufzuhalten oder gar umzukehren, es sei denn, der Tauchtank wird noch rechtzeitig gelenzt.

Je nach Tiefe kann die kompressionsabhängige Auftriebsreduzierung sogar die Größenordnung des konzipierten Restauftriebs erreichen oder gar überschreiten. Dann kann mit dem Modell trotz Lenzung des Tauchtanks nicht mehr aufgetaucht werden. Denkt man sich diesen Vorgang in einem tiefen See, zerstört der Wasserdruck eventuell sogar das Modell, bevor es überhaupt den Grund erreicht. Denken wir an den Film „Das Boot“, wo der Kaleu sagt: „Gott hat uns eine Schaufel Sand unter den Kiel geschmissen“, als das U-Boot auf dem Grund der Straße von Gibraltar aufsetzt.

Der druckfeste Rumpf muss bei größerer Tauchtiefe nicht unbedingt brechen, reißen oder einbeulen. Aber eine volumenreduzierende Deformation wird mit Sicherheit eintreten. Wenn dann der Modellkommandant die kritische bzw. zerstörende Tiefe gerade noch nicht unterschreitet, lässt sich das Modell möglicherweise wieder hochholen. Vielleicht bemerkt er dann gar nichts am Boot, weil sich dessen elastischer GFK-Rumpf wieder aus seiner Deformierung zurückgebildet hat. Aber nur ein klein wenig tiefer und man hätte das Modell auf die Verlustliste setzen können. Wenn schon GFK-Rumpf, dann ist der Einsatz von Stützspanten und dicken Druckschotts von größter Wichtigkeit. Am sichersten ist immer noch die Zylinderform mit kreisrundem Querschnitt. Auch wenn solch ein druckfester Rumpfbereich aus Holz, Blech oder Kunststoff gebaut wird, sind formschlüssig eingebaute Stützspanten unerlässlich. Immer daran denken: Der Modellrumpf sollte das Körpergewicht seines Erbauers aushalten können, ohne sich zu verformen oder gar zu zerbrechen. Nur ein industriell hergestelltes Rohr aus Kunststoff oder Metall bedarf bei ausreichender Wanddicke keiner Spanten. Viele U-Boot-Modellbauer dichten ihr Modell mit von oben aufgeschraubten ebenen Deckeln ab. Ebene Flächen, zu denen auch Druckschottspanten gehören, haben aber unter einseitiger Druckeinwirkung die geringste Widerstandskraft gegen Verformung. Oft sind diese Deckel 20 cm lang oder noch länger. Je nach der gewählten Breite kann sich jeder selbst ausrechnen, wie hoch der Flächendruck bei 1 m Tauchtiefe sein wird. Man kann auch mal solch einen Lukendeckel auf einen Rahmen legen und auf dem Tisch mit Bleigewichten experimentieren. Bei einer Fläche von angenommenen 300 $cm^2$ wird man über die Durchbiegungsbeträge, die später das Volumen reduzieren, erstaunt sein.

Angaben zu Materialien, Festigkeitswerten und Lösungswegen findet der interessierte Leser z.B. im mehrfach genannten Buch von Norbert Brüggen, ebenso zu Hand- und Automatikregelung zur Einhaltung der Tauchtiefe. Dieses Buch ist es wert, als Lehrbuch des U-Boot-Modellbaus bezeichnet zu werden. Auch mich hat es vor Fehlentscheidungen bewahrt.

## Zur Lagestabilität

Hier geht es nicht um die mechanische Stabilität des Modells, sondern um die Stabilität seiner Schwimmlage unter Wasser. Im aufgetauchten Zustand lässt sie sich dank Restauftrieb in der Praxis leichter herstellen als durch Berechnung. So mancher Modellkommandant hat sich aber gewundert, dass sein stabil schwimmendes Modell, sobald es unter die Wasseroberfläche kommt, zur Seite kippt, Kopfstand macht oder gar kentert.

Um dies beurteilen zu können und vor allem von vornherein zu beeinflussen, gilt zunächst auch hier die Regel Nummer 3, d.h., dass auch beim Konzipieren der Stabilität vom Zustand des getauchten U-Boot-Modells ausgegangen werden muss. Erinnern wir uns an das angenommene Idealgleichgewicht, bei dem Auftrieb und Gewicht gleich groß sind. Dabei muss man sich bildlich vorstellen, dass der Auftrieb das Modell mit einer bestimmten Kraft nach oben zieht und das Gewicht mit gleich großer Kraft das Modell nach unten. Diese Kräfte greifen in den zusammengefassten Gewichts- und Auftriebsschwerpunkten des Modells an und die genaue Lage dieser Schwerpunkte zueinander bestimmen die Stabilitätszustände des getauchten U-Bootes. Es werden drei physikalische Hauptzustände definiert: a) das stabile Gleichgewicht, bei dem hier im Modell der Gewichtsschwerpunkt unter dem Auftriebsschwerpunkt liegt, b) das indifferente Gleichgewicht, bei dem der Gewichtsschwerpunkt mit dem Auftriebsschwerpunkt deckungsgleich liegt, und c) das labile Gleichgewicht, bei dem der Gewichtsschwerpunkt über dem Auftriebsschwerpunkt liegt.

Für meine U-Boot-Modelle gilt als Grundregel Nummer 7, den Konstruktionsentwurf so zu gestalten, dass der Gewichtsschwerpunkt grundsätzlich unter dem Auftriebsschwerpunkt liegen muss (Zustand b). Ich betone dies deshalb, weil es durchaus auch U-Boot-Modelle gibt, die mit einem indifferenten Gleichgewicht funktionieren. Diese sind zwar in allen Lagen höchst manövrierfähig, müssen aber mit sehr aufwendigen Steuer- und Regelsystemen ausgestattet sein. Bei meinen Modellen wird aber genau das Gegenteil angestrebt, nämlich mit wenig Aufwand gute Stabilität für Tauchfahrten zu erzielen.

**Idealschema zum Kräfteverhältnis**

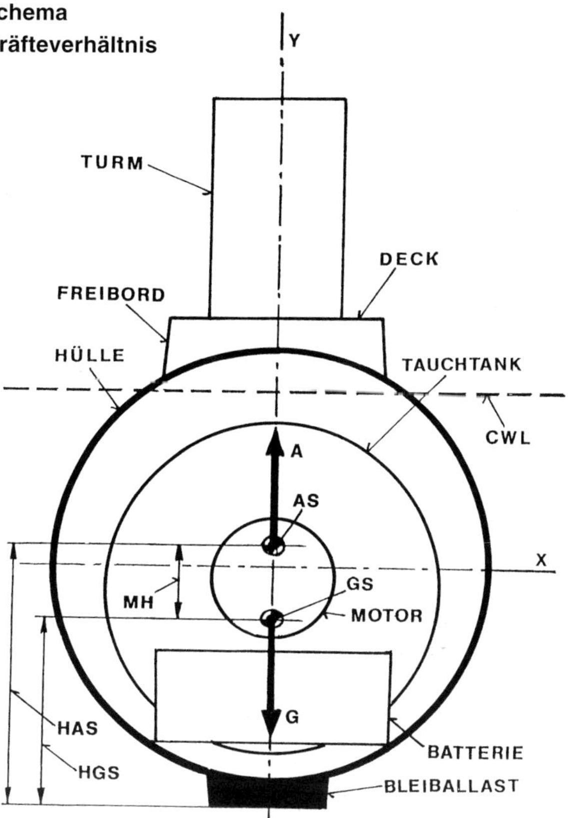


A = AUFTRIEB, G = GEWICHT, H = HÖHE, S = SCHWERPUNKT, MH = METAZENTRISCHE HÖHE

**Schwerpunktschema in der Seitenansicht**

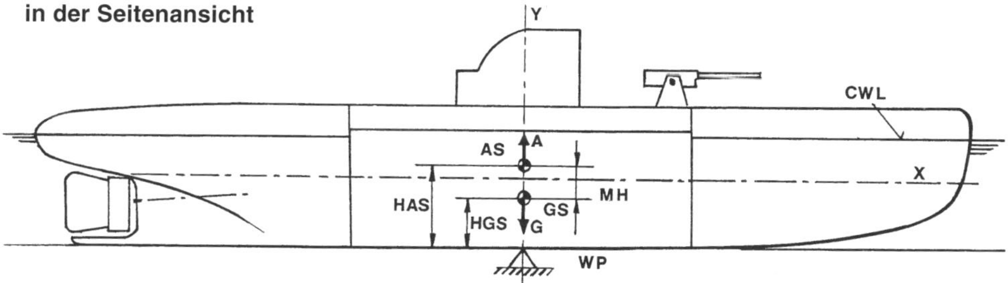


A = AUFTRIEB, G = GEWICHT, H = HÖHE, S = SCHWERPUNKT, WP = WAAGEPUNKT,
MH = METAZENTRISCHE HÖHE

$$HAS = \frac{A1\,H1 + A2\,H2 + \cdots + A9\,H9 + A10\,H10}{A1 + A2 + \cdots + A9 + A10}$$

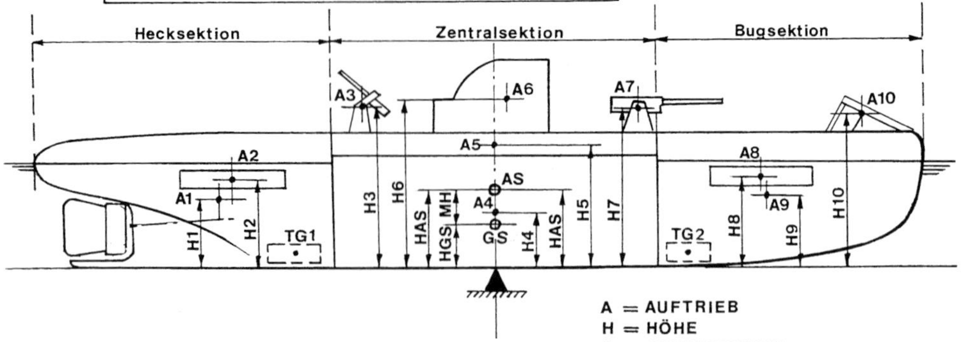


**Auftriebsschwerpunkt des kompletten Modells**

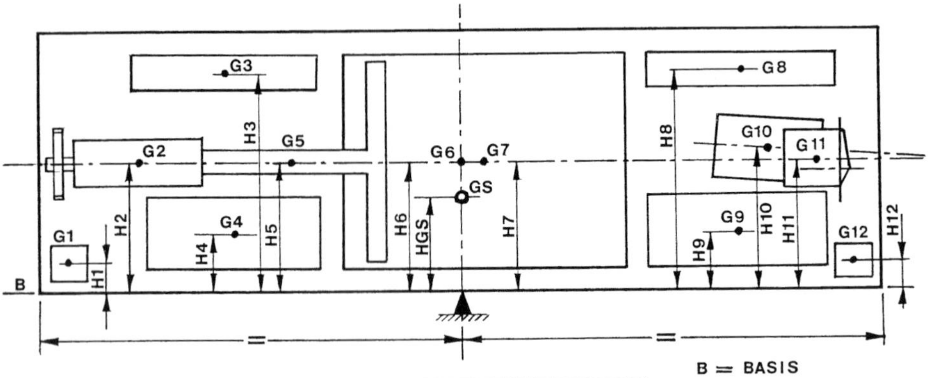

$$HGS = \frac{G1\,H1 + G2\,H2 + \cdots + G11\,H11 + G12\,H12}{G1 + G2 + \cdots + G11 + G12}$$

B = BASIS
G = GEWICHT
H = HÖHE
S = SCHWERPUNKT

**Gewichtsschwerpunkt der Zentralsektion**

Auftriebsschwerpunkte sind durch die Form der Wasser verdrängenden Körper gegeben. Man kann sie nicht verändern, solange die Form nicht verändert wird. Zur besseren Verdeutlichung bleiben wir bei einem zylindrischen Mittelteil des vorn genannten U-Boot-Beispiels, denn bei einem Körper mit kreisrunder Zylinderform ist der geometrische Mittelpunkt gleichzeitig der Auftriebsschwerpunkt. In den Beispielskizzen ist dies so eingezeichnet. Anders verhält es sich mit dem Gewichtsschwerpunkt, der vom Modellbauer durch die Anordnung der Nutzlasten bestimmt wird. Schwergewichtige Nutzlasten sind z.B. Bleiakkus, Antriebsmotor, Teile der Tauchtankanlage usw. Diese sind möglichst unten im Modell, in Richtung Kielleiste anzuordnen. Alle leichtgewichtigen Teile und Baugruppen, wie z.B. Empfänger, Servos, Fahrtregler und andere Elektronikbaugruppen, sind oben im Modell, aber noch unter der Konstruktionswasserlinie anzuordnen. Aus dem Konstruktionsentwurf kann man dann, wie es die Abbildungen zeigen, die Höhe des resultierenden Gewichtsschwerpunktes ermitteln. Diese theoretische Vorarbeit beginnt mit dem wasserdichten bzw. druckfesten Bereich des Rumpfes und wird dann in Folgeschritten bis auf das komplette Modell erweitert. Dazu gibt es keine Universalformel. Jeder U-Boot-Modellbauer muss sich das für seine spezifischen Modellgegebenheiten, für seinen konkreten Anwendungsfall selbst erarbeiten. Folgende Erläuterungen sollen nur als Orientierung für den Weg dorthin verstanden werden und eine Anleitung zum Selbermachen darstellen.

Die Abbildung zum Idealschema zeigt die Prinzipskizze mit den Haupteinflussfaktoren im Modellquerschnitt der Schiffsmitte. A als Auftriebskraft und G als Gewichtskraft werden als Pfeil bzw. als Vektor, genau übereinander, auf gemeinsamer Mittellinie liegend, eingezeichnet. AS und GS sind die ermittelten Schwerpunkte. HAS ist die Höhe des Auftriebsschwerpunktes und HGS die des Gewichtsschwerpunktes über Basis. Die Höhendifferenz von beiden ist die metazentrische Höhe MH. Dies ist ein sehr wichtiges Maß für das gesamte Projekt.

Von entscheidender Bedeutung ist aber die Wirkungsweise dieses Schwerpunktschemas auf die Stabilität. Die Ideallage ist dadurch gekennzeichnet, dass die X-Achsen sowohl in Längsrichtung als auch in Querrichtung waagerecht und die Y-Achse lotrecht liegt. Dies ist so, weil das Gewicht mit seinem tiefer liegenden Schwerpunkt nach unten, aber der Auftrieb mit seinem höher liegenden Schwerpunkt nacht oben zieht. Wenn man sich die metazentrische Höhe MH als Bindfaden vorstellt, so wird dieser auf senkrechter Linie immer straff gehalten. Ulrich Gabler hat in seinem Buch zu dieser Wirkungsweise den wunderbaren Satz geprägt: „Das Boot hängt als Pendel mit seinem Gewicht im Schwerpunkt G, an seinem Auftrieb im Schwerpunkt F [bei uns A].“ Besser kann man dieses selbstaufrichtende System nicht in Worte fassen. Wer sich das bildhaft vorstellen kann, wird mit der Stabilität seines Modells nie wieder Probleme haben .Über solch simple Beispiele und Erklärungen mögen vielleicht die Spezialisten lächeln, denn die können und werden es ohnehin besser machen. Den Einsteigern und noch unerfahrenen U-Boot-Modellbauern sind solch anschauliche Beschreibungen aber sicherlich hilfreich.

Trotzdem soll hier auf den theoretischen Nachweis für die Richtigkeit der oben genannten Behauptung nicht verzichtet werden. Im Gegensatz zum großen Original, wo die Besatzung mit ihren Eigengewichten hin und her läuft, wo Torpedoabschüsse und Dieselverbrauch die Lage des Gewichtsschwerpunktes ständig verschieben, ist er im Modell nach erfolgter Austrimmung als feststehend zu betrachten. Das heißt wieder ausgehend vom genannten Idealzustand, Tauchtank geflutet, Tauchtankkolben in Vorderstellung, unter der Wasseroberfläche schwebend, diesen konkreten Zustand als Ausgangspunkt zu betrachten. Erinnern wir uns an dieser Stelle an den Abschnitt Statik unseres Physiklehrbuches. Dort wird festgestellt, dass ein Körper in Drehung versetzt wird, wenn auf ihn ein Kräftepaar wirkt. Ein solches Kräftepaar wird gebildet durch zwei gleich große, parallele, entgegengesetzt gerichtete Kräfte, deren Wirkungslinien keinen gemeinsamen Schnittpunkt haben.

In der Abbildung „Das selbstaufrichtende Moment am Hebel L“ ist exakt die Bedingung dieses Lehrsatzes gegeben bzw. dargestellt. Die Wirkung des Kräftepaares A und G erzeugt das Moment M. Die Größe des Moments dieses Kräftepaares ist gleich dem Produkt aus einer Kraft dieses Paares und dem Abstand L der Wirkungslinien beider Kräfte. D.h., das

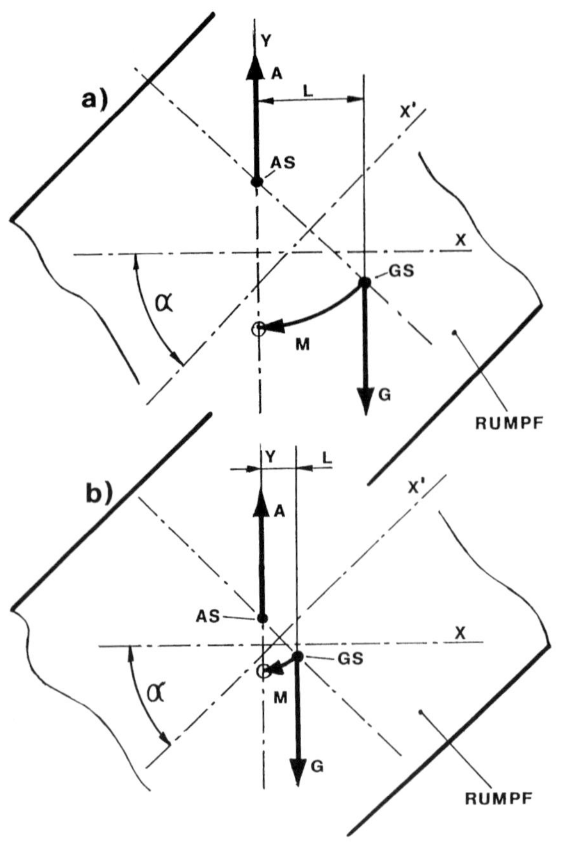


**Das selbstaufrichtende Moment am Hebel L**

z.B. mit der Hand, um den Winkel α in eine erzwungene Schieflage, so ist das Pendelgewicht über den Hebel L durch die Schwerkraft bestrebt, sich zurück auf die Y-Achse zu bewegen. Diese Kraft ist das selbstaufrichtende Moment M. Es ist zu erkennen, dass die Größe des selbstaufrichtenden Moments M von der Größe der metazentrischen Höhe MH abhängig ist. Der Teil a) dieser Abbildung zeigt eine große metazentrische Höhe. Entsprechend groß ist die selbstaufrichtende Kraft, das Moment M. Im Teil b) sind Winkel α, Auftrieb A und Gewicht G ebenso groß wie bei a). Das selbstaufrichtende Moment M ist aber kleiner, weil die metazentrische Höhe kleiner ist. Wäre die metazentrische Höhe gleich null, so wäre auch das selbstaufrichtende Moment null. In diesem Falle würde das Modell entweder in seiner Schieflage bleiben oder jede beliebige, unkontrollierbare Lage einnehmen. Es soll aber nicht unerwähnt bleiben, dass es Nachteile gibt, wenn die metazentrische Höhe zu groß ausfällt. Setzt man in genannter Momentenformel für L und G die ermittelten Ist-Werte seines Modells ein, so können erstaunliche Drehmomente auftreten. Sobald aber die selbstaufrichtende Kraft größer wird, als sie durch Propeller- und Ruderkraft aufgebracht werden kann, lässt sich das Boot nur sehr schwer aus seiner waagrechten Lage heraussteuern. Setzt man dann z.B. eine elektronisch-automatische Regeltechnik ein, wie sie z.B. von Norbert Brüggen entwickelt wurde, kann es zur vollen Fehlfunktion kommen, obwohl der Regler völlig in Ordnung ist. Bei der Modellkonstruktion sollte eine metazentrische

Moment M der Einzelkraft G ist definiert als Produkt aus F und Abstand L von der Bezugslinie der Kraft A:

$$M = G \cdot L$$

In den Abbildungsteilen a) und b) ist die Beschreibung von Ulrich Gabler und die Theorie dieses physikalischen Lehrsatzes bildlich dargestellt. Die metazentrische Höhe ist das Pendel, an dem das Gewicht G am Auftriebsschwerpunkt hängt. Drückt man das Modell, das ausgetrimmt waagrecht im Wasser liegt,

Höhe konzipiert werden, die mindestens 10%, höchstens aber 25% der Rumpfhöhe beträgt. Die selbst ernannten Konstrukteure müssen aber keine Angst haben, dass die metazentrische Höhe ungewollt zu groß ausfällt. In der Regel ist die Gefahr viel größer, am Ende die metazentrische Höhe zu klein gestaltet zu haben. Die eingeschränkten Platzverhältnisse erfordern mitunter große Mühe, um überhaupt eine metazentrische Höhe zu konzipieren, die 10 oder 15% der Rumpfhöhe ausmacht. Es bleibt aber eine wichtige Aufgabe, die metazentrische Höhe von vornherein im Auge zu behalten, um ein verträgliches Maß zu erzielen. Bei all diesen Betrachtungen ging es darum, die Lage der beiden Schwerpunkte auf die vertikale Y-Achse der zugeordneten Abbildungen zu beziehen. In Wahrheit ist ihre Lage in Bezug auf die horizontalen X-Achsen ebenso wichtig. Auf deren Beeinflussung wird später zur Konstruktionsbeschreibung nochmals eingegangen. Vorab sei festzustellen, dass ich mich diesbezüglich an den einfachen Weg der Mittelpunktgeometrie gehalten habe. D.h., alle Einzelauftriebe und alle Einzelgewichte wurden, bezogen auf die senkrechte Mittellinie des Modells, beidseitig bzw. nach vorne und nach achtern gleichgewichtig oder waagrecht verteilt. Der so genannte I-Punkt der Stabilität wurde letztlich beim Austrimmen des Modells im und unter Wasser vorgenommen. Zumindest zu dieser Problematik kann man sich auf diese Weise eine ziemlich umfangreiche Rechnerei ersparen.

## Zur Baumethode

Nachdem nun alle Fragen zum Objekt in theoretischer Hinsicht geklärt sind und auch entschieden wurde, was gebaut werden soll, geht es nun darum, wie und womit gebaut wird. Viele Wege führen bekanntlich nach Rom – und ebenso zum U-Boot-Modell. Schon das Grundmaterial erlaubt einige Möglichkeiten. Jedes Material hat aber seine Eigenheiten und seine besondere Verarbeitungstechnologie. Ich traue mir hier nicht zu, ein bestimmtes Materi-

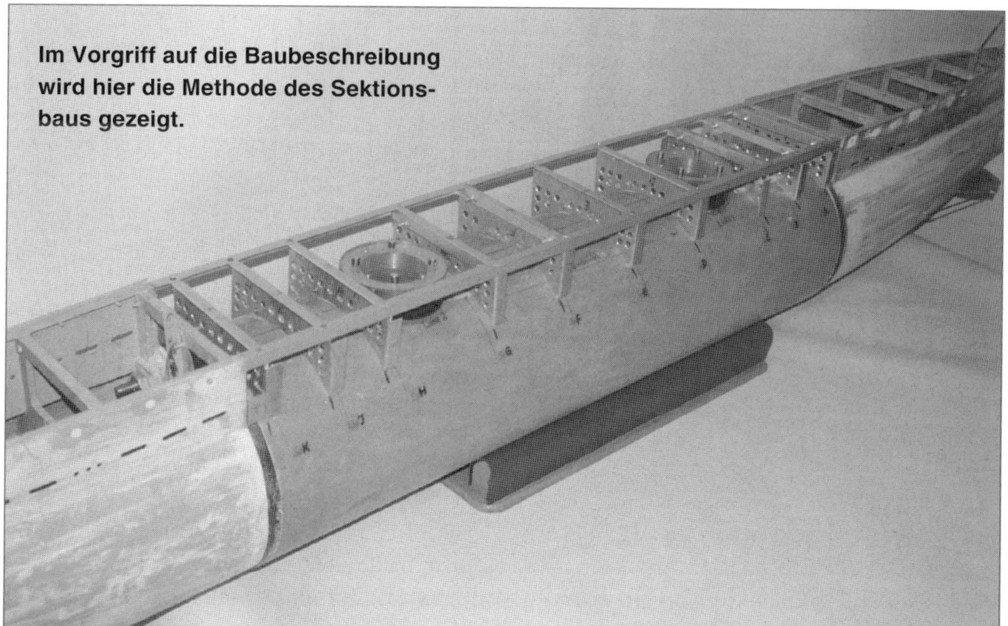

**Im Vorgriff auf die Baubeschreibung wird hier die Methode des Sektionsbaus gezeigt.**

Bug- und Hecksektion sind unter der KWL aus Holz und darüber aus Aluminium.

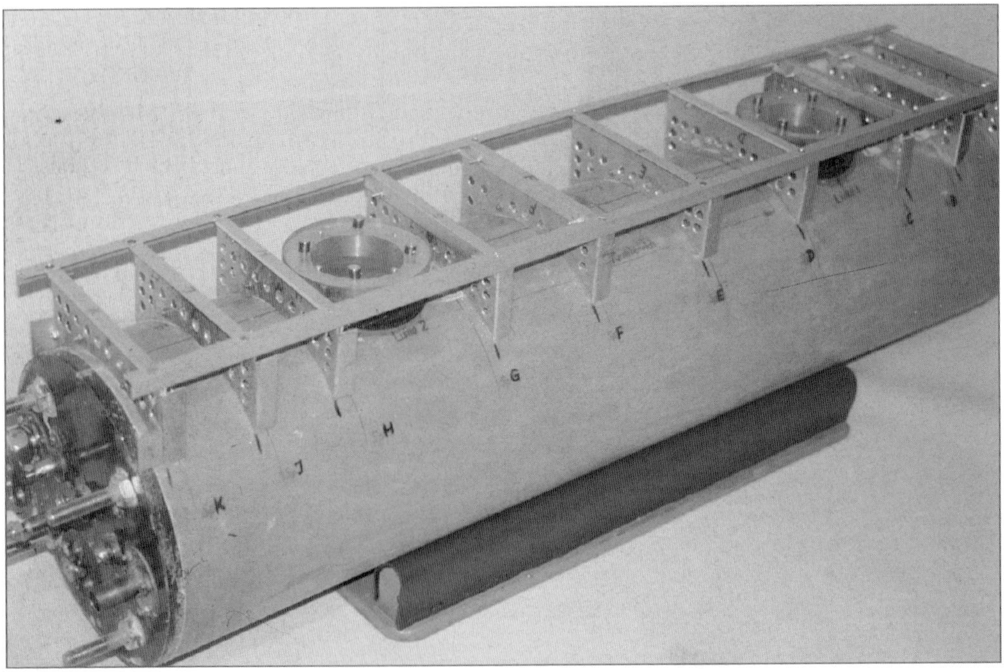


Hauptteil der Zentralsektion ist ein 200er KG-Rohr, wie es für die Abwasserkanalisation verwendet wird.

Hier taucht U 505 statisch auf.

al als das beste hervorzuheben oder gar als allgemein gültig zu empfehlen. Es liegt allein an den Gewohnheiten, Fähigkeiten und Erfahrungen des Einzelnen, welchen Werkstoff er bevorzugt und als für sich selbst besten bezeichnet. Für denjenigen, der sich intensiv mit dem Holzbau befasst hat, ist Holz zunächst das beste Material und alles andere aus seiner Sicht ein Experiment mit unbekanntem Ausgang. Ein anderer hat mit seinen selbst hergestellten GFK-Rümpfen auf diesem Gebiet ein handwerkliches Können entwickelt, das ihm alle anderen Materialien als ungeeignet erscheinen lässt. Der dritte hat seine Modelle aus Kupferblech gebaut und präsentiert Verarbeitungsqualitäten, die für andere unerreichbar erscheinen ... Jeder schwört auf das Seine, weil eben auch die Art und Weise des Bauens eine ganz individuelle Angelegenheit ist.

Die beste Methode des Metallbauers, die schon mehrfach zu Spitzenmodellen geführt hat, kann jedoch beim geübten Kunststoffmodellbauer zur Katastrophe führen, nur weil er sie ohne Grunderfahrung zum ersten Mal anwendet. Man soll die Ratschläge der anderen zwar nicht in den Wind schlagen, aber Experimente mit ungewohnten Materialien und Baumethoden unternimmt man besser nicht beim ersten U-Boot-Modell. Beim jungen Einsteiger kann dies ganz anders sein. Für ihn, den Unverdorbenen, ist natürlich Glasseide und Epoxydharz das modernere, zu bevorzugende Material – wahrscheinlich würde ihm niemand zum altmodischen Holzbau raten. Aber auch hier muss man mit Ratschlägen vorsichtig sein. Immerhin bleibt der Modellbau ein Hobby zur Freizeitgestaltung und Befriedigung individueller Interessen. In der Regel hat aber jeder einen Beruf erlernt, dessen Inhalt seine Hobbytätigkeit beeinflussen wird. Beispielsweise werden Tischler und Zimmerleute wohl andere Materialien und Baumethoden wählen als Klempner, Installateure oder gar Werkzeugmacher. Reinreden kann man da nicht, denn es gibt auch ganz moderne Elektroniker, die mit Holz, und Bankkaufleute, die mit Kunststoff oder Metall hervorragend umgehen können. All das führt zu meiner Grundregel Nummer 8, sich grundsätzlich für das Baumaterial und die Baumethode zu entscheiden, die man kennt oder die man sich als Einsteiger zutraut. Meine Schiffsmodelle wurden seit Jahrzehnten mit der klassischen Methode aus Holzspanten aufgebaut und mit Holzleisten beplankt, nichts lag also näher, auch den U-Boot-Modellbau mit Holz zu beginnen. Zu Recht, denn der Fahr- und Tauchbetrieb war von Anfang an erfolgreich und funktionssicher. Schrittweise wurde dann dazu übergegangen, den Modellteil, der sich über der Wasserlinie befindet, aus Aluminium zu bauen, weil so das Gesamtvolumen aller Überwasserteile bzw. deren Wasserverdrängung wesentlich reduziert werden konnte. Dies war eine entscheidende Maßnahme, um den aufgetauchten Teil des Modells in Übereinstimmung mit der Tauchtankkapazität weiter über die Wasseroberfläche hinausheben zu können. Erst beim letzten Modell habe ich eine Baumethode angewendet, bei der sowohl Holz als auch Alublech und für den druckfesten Teil Rohr verwendet wurde. In die zu wählende Baumethode gehen aber auch noch ganz andere Faktoren ein. Im Gegensatz zum normalen Schiffsmodell ist ein Teil des U-Boot-Modells ein hermetisch abgeschlossener und druckfester Hohlkörper, wohingegen andere Bereiche frei durchflutet werden. Es stellen sich solch wichtige Fragen wie z.B.: Wo müssen Öffnungen vorgesehen werden und wie sollen diese aussehen? Welche Verschluss- und Abdichtmethode soll vorgesehen werden? Wie werden Antriebe für Ruder und Propeller herausgeführt?

Allein die konstruktiven Antworten auf solche Fragen können die Wahl der Baumethoden beeinflussen. Bei meinem Modell U 18 hat die Optimierung der Lösungswege beispielsweise dazu geführt, eine Methode anzuwenden, bei der eigentlich drei unterschiedliche Arten miteinander verheiratet wurden. Die folgenden Abschnitte zum Komplex Modellkonstruktion werden dies genauer zeigen. Im Prinzip wurde die Lösung nach den Gesichtspunkten der praktischen Realisierbarkeit gefunden, d.h., die für mich verfügbaren Werkzeuge, Maschinen und Erfahrungen waren Entscheidungsgrundlage für das Machbare. Sicherlich hätte es zu diesem oder jenem Punkt

**U 505 taucht mit halber Fahrt im flachen Winkel auf.**

noch bessere und elegantere Lösungen gegeben, wenn ich mich an Maschinenbaufirmen oder Feinmechanikerwerkstätten gewandt hätte. Das aber wollte ich nicht. Unser schönes Hobby bereitet uns eben die Freude am Selbermachen, und da gibt es immer Wege zur Machbarkeit. Man muss sie nur suchen.

## Zu den Bauunterlagen

Der Begriff Bauunterlagen ist sehr weit gefächert. In erster Linie denkt man dabei an den Bauplan und kann dann, vor allem als Einsteiger, ziemlich schnell ins Grübeln kommen. Das Angebot ist groß und wahrscheinlich wird jeder etwas Passendes finden. Im Katalog „Modellbaupläne" der Verlags für Technik und Handwerk, Baden-Baden, findet man z.B. 26 Baupläne für U-Boot-Modelle, bei Harhaus Modelltechnik in Wuppertal weitere 13 Baupläne, und einige andere Anbieter gibt es ja auch noch.

Eine Beurteilung von Brauchbarkeit und Qualität ist für den ungeübten Modellbauer nicht ganz einfach. Als Minimum sollte der Plan Linienriss, Spantenriss, Seitenansicht, Draufsicht, Vorderansicht, Achteransicht und möglichst die wichtigsten Hauptschnitte enthalten. Eigentlich sollten alle Details gezeichnet sein, und dies bei Bedarf auch in mehreren Ansichten. Viele Baupläne sind aber unvollständig gezeichnet und selbst große Details wie Buggeschütz oder Turmausstattung nur vage angedeutet.

Genau genommen ist ein Bauplan nur dann vollkommen und eindeutig gezeichnet, wenn man nach ihm ohne zusätzliche Fotos ein vorbildgetreues Modell bauen kann. Natürlich gibt es solche guten Pläne, aber leider eben auch nicht wenige mit fragwürdiger Qualität. Wenn beispielsweise ein Bauplan mit nur einem Blatt zum Preis von 10 Euro angeboten wird, kann man weder Qualität noch Vollkommenheit erwarten. Es muss zwar nicht immer stimmen, dass ein billiger Plan schlecht ist und ein teurer Plan gut, aber der Planumfang sagt schon einiges über die Güte aus. Ein Bauplan mit mehr als drei Blatt für über 50 Euro lässt aber doch schon eher auf Qualität schließen.

Zu den Bauunterlagen rechne ich vor allem auch alle einschlägigen Fachbücher. Diese sagen in Wort und Bild mitunter mehr aus als z.B. ein mittelmäßiger Bauplan. Vor allem muss man sich solche Bücher suchen, die nicht nur das Original, sondern das Modell mit seiner Tauchtechnik zum Inhalt haben.

Meine Grundregel Nummer 9 sagt also, zu Beginn des Bauvorhabens alles an Zeichnungen, Plänen, Fotos, Büchern und Bauberichten zusammenzutragen, was zum ausgewählten U-Boot-Typ gehört oder zu ihm passt. Beispielsweise gibt es zu den U-Boot-Typen des Zweiten Weltkriegs keinerlei Informationslücken. In der Summe aller Bücher wird bis ins Kleinste nachgewiesen und mit unendlich vielen Bildern gezeigt, wie die Boote aussahen, gebaut, bewaffnet und ausgerüstet waren, wann und wo sie gebaut wurden, wo sie eingesetzt waren und wo sie verblieben sind. Selbst vom inneren Aufbau und Ausbau ist nichts unbekannt geblieben und auf den vielen Fotos erkennt man jedes Handrad der Ventile, jedes Funkgerät bis hin zu jeder Schraube am Torpedoraum.

Aber, das ist das große Defizit, über die technischen Innereien eines statisch tauchfähigen U-Boot-Modells findet man in der Regel herzlich wenig. Da gibt es z.B. im Bernard & Graefe Verlag, Bonn, die bekannte Buchreihe „Vom Original zum Modell", in der die Autoren Eberhard Rössler, Fritz Köhl, Axel Niestlé und Hans-Jochen Emsmann in hervorragender Weise und Ausführlichkeit die U-Boot-Typen II, VII, IX, XVII, XXI, XXIII und XXVI in Wort und Bild bis zum kleinsten Detail darstellen. Dazu sind Planrollen bzw. -mappen lieferbar, die eine Vielzahl von Plänen beinhalten bis hin zu den Einzelheiten von Turmaufbau, Schnorchelanlage, 2 cm Flak, 3,7 cm Flak, 2 cm Vierlingsflak, Ruderanlage und alle Schnitte mit den Innenausbauten. Es fehlt überhaupt nichts zum Original, aber über den eigentlichen Weg vom Original zum Modell ist in keinem dieser Bücher ein einziges Wort geschrieben. Ein paar Fotos von fertigen U-Boot-Modellen – das ist alles. Trotzdem sind die Bücher und Planrollen so gut, dass man diese Unterlagen vom gewünschten Typ besitzen sollte.

Man sieht daran, dass dem engagierten U-Boot-Modellbauer also nichts anderes übrig bleibt, als für sein konkretes Modellobjekt die eigene modellbautechnische Lösung zu finden. Deshalb weise ich nochmals darauf hin, dass folgende zwei Bücher zu den Bauunterlagen gehören sollten: „Technik der U-Boot-Modelle" von Norbert Brüggen und „U-Boot-Modelle ferngesteuert" von Walter Füller, sie sind für den U-Boot-Modellbauer eine echte Hilfe.

Wenn sich das Vorhaben selbst mit all den zusammengetragenen Unterlagen noch nicht verwirklichen lässt, so tritt die Grundregel Nummer 10 in Kraft: Man muss dann die eigenen Wünsche, Ideen, Erfindungen und Entwürfe selbst zu Papier bringen, um entweder gegebene Bauunterlagen zu verändern bzw. zu ergänzen oder von Grund auf eigene Konstruktionszeichnungen zu schaffen. Dabei gilt es, soweit wie möglich nach den Normen des technischen Zeichnens winkelgerecht, maßgerecht und maßstabgerecht zu arbeiten. Wer einen technischen Beruf gelernt hat, wird eine solche Zeichnung nicht nur lesen, sondern auch selbst anfertigen können. Druckreife Tuschezeichnungen sind für einmalige Verwendungszwecke nicht erforderlich, Bleistift, Lineal, Zirkel und Winkelmesser reichen völlig aus.

Man kann behaupten, dass dies der Normalfall des U-Boot-Modellbauers ist. Ohne eigene Zeichnungen und Skizzen wird er überhaupt nicht auskommen. Von all den Modellen, die ich gesehen, und Bauberichten, die ich gelesen habe, gleicht kein U-Boot dem anderen. Selbst zu gleichen Typen gibt es unterschiedliche Baumethoden und Bauausführungen, die sich vor allem auf das Innenleben der U-Boot-Modelle beziehen. Dies macht deutlich, dass jeder U-Boot-Modellbauer auch Erfinder, Gestalter und Konstrukteur sein muss.

Norbert Brüggen hat in seinem Buch 66 Berichte zu U-Booten aufgelistet, die vor 1991 in Modellbauzeitschriften veröffentlicht wurden. Ich habe diese Aufzählung hier im Anhang mit 44 weiteren Berichten ab 1991 ergänzt, außerdem sind dort die Fachbücher genannt, die ich für den U-Boot-Modellbau und für dieses Buch zu Rate zog.

# Die Konzeption von U 18

## Konstruktionsentwurf

Wie erwähnt, ist meine jüngste Bauentscheidung wieder auf den deutschen Typ II B gefallen. Wie kann man sich bloß zweimal für den gleichen Typ begeistern? So werden sich wahrscheinlich manche Leser fragen. Natürlich hatte ich nochmals alle Unterlagen und all meine Bücher durchforstet, dass ich trotzdem wieder bei diesem Typ hängen blieb, lag wiederum an der günstigen Form im Mittelteil des Bootes und den für meinen Maßstab geeigneten Abmessungen für Länge, Breite usw.

Nach genauer Auswertung des Buches von Eberhard Rössler wurde aber schnell klar, dass ich ohne Neukonstruktion des Rumpfes die gewählte Baumethode nicht verwirklichen konnte. Dabei hat sich die Rumpfform etwas verändert, aber vorausschickend sei gesagt, dass das Erscheinungsbild des Modells von den Konstruktionsänderungen nicht negativ beeinflusst ist. Natürlich wurde damit die absolute Vorbildtreue verletzt, was aber schließlich in Kauf genommen werden musste. Im Folgenden wird bei diesem Modell konsequenterweise nur noch von Vorbildähnlichkeit gesprochen. Diese ist auch der Grund, dass die Nummer „18“ nicht am Turm des Modells angebracht wurde. Die Bezeichnung U 18 ist aber als Arbeitstitel geblieben.

Entsprechend der Maßstabfestlegung 1:20 wurde zunächst das Modellprojekt in Seitenansicht und Draufsicht mit 2.135 mm Länge und 200 mm Breite aufgezeichnet. Als Vorlagen dienten die im oben genannten Buch abgedruckten Konstruktionspläne. Die wesentliche Besonderheit bestand darin, dass der Mittelteil des Rumpfes aus einem Rohr besteht. In diesem Rohr sollte eine komplette, in sich abgeschlossene Baugruppe, die so genannte Zentrale, herausziehbar angeordnet werden. An dieser Stelle meiner Überlegungen standen die Fragen zu den Übergängen vom rohrförmigen Mittelteil zu dem konvex-konischen Vorder- und Achterteil, zur Art der Abdichtung und des Zusammenbaus bzw. des Auseinandernehmens. Damit war der Entschluss geboren, den Konstruktionsentwurf einer Sektionsbauweise zu erarbeiten. Von diesem Zeitpunkt an ging es nur noch um die Zentralsektion, um die Bugsektion und um die Hecksektion.

Im Allgemeinen ist unter den U-Boot-Modellbauern die zentrale Verschlussringmethode bekannt, mit der ein druckfester Rumpfteil in zwei Teile zerlegt bzw. auseinander genommen und zusammengefügt werden kann. Diesen sehr wichtigen Punkt habe ich etwas anders gelöst. Es schien praktischer und vorteilhafter zu sein, die komplette Zentralsektion als in sich abgeschlossene druckfeste Hauptbaugruppe zu betrachten. D.h., das druckfeste Rohr sollte die gesamte Technik in sich aufnehmen und die Zylinderböden, die so genannten Deckel dieser Sektion, übernahmen die Funktion der Druckschotts. An diesen Stirnseiten sollten Bug- und Hecksektion angeschraubt werden.

Anstelle der üblichen Trimmgewichte wurden solche Trimmauftriebskörper vorgesehen.

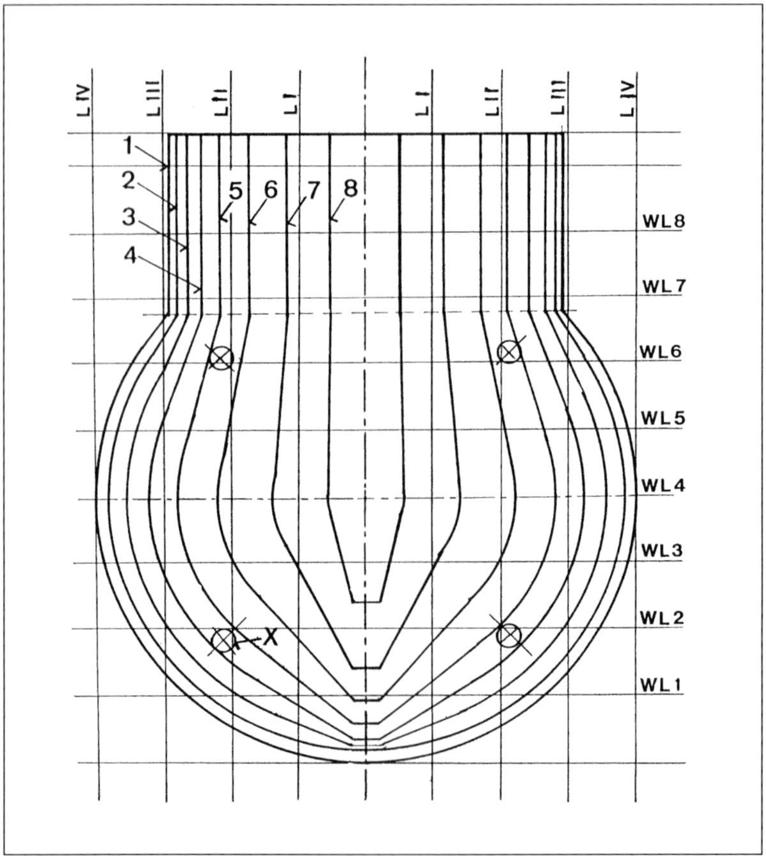


Spantenriss zur Bugsektion

Daraus ergab sich, dass für Bug- und Hecksektion auch noch neue Spantenrisse konstruiert werden mussten. Doch an dieser Stelle kam die Konstruktionsarbeit erst mal ins Stocken.

Es galt nun, zunächst die Länge der Zentralsektion zu ermitteln, um danach die Längen von Bug- und Hecksektion festlegen zu können. Die Unterbrechung war notwendig, weil erst nach Gestaltung der Zentralsektion deren Gewicht und Auftrieb ermittelt werden musste, um letztlich auch deren notwendige Länge zu erfahren. Schließlich sollte der zylindrische Mittelteil des Modells nur so lang werden, dass sein Auftrieb um etwa 500 g größer wird als das Gesamtgewicht der Zentralsektion. Zur besseren Übersicht und Verständlichkeit werden Zentralsektion und deren innerer Aufbau in gesonderten Abschnitten beschrieben. Ich nehme daher die eigentlich erst später ermittelten Maße vorweg und setze damit die unterbrochene Konstruktionsarbeit fort. Das Volumen der Zentralsektion musste einschließlich Verschlussdeckel 23,5 dm³ betragen. Daraus wurde die notwendige Länge mit 748 mm ermittelt. Ausgehend von der feststehenden Gesamtlänge des Modells von 2.135 mm und abzüglich der 748 mm langen Zentralsektion konnte nun die Bugsektion mit 689 mm und die Hecksektion mit 698 mm Länge festgelegt werden.

Eine weitere Besonderheit dieser Modellkonstruktion besteht darin, dass sowohl die komplette Bug- wie auch die komplette Hecksektion 100%ig frei durchflutet sind. An ande-

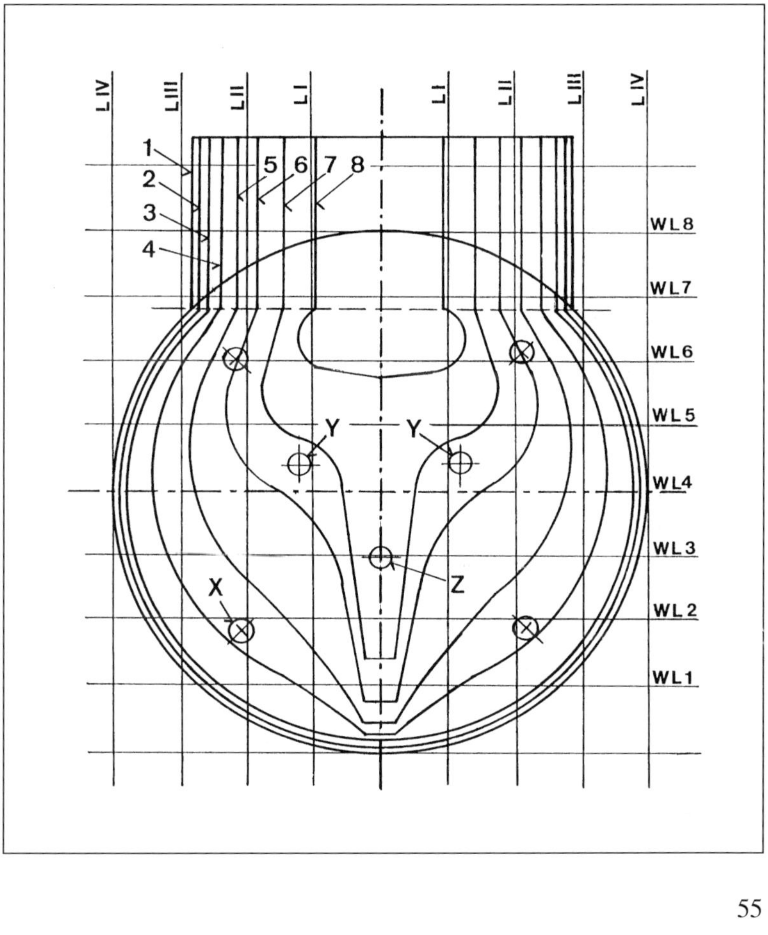


**Spantenriss zur Hecksektion**

ren und auch bei meinen bisherigen U-Boot-Modellen ist es allgemein üblich, dass der meistens zu große Auftrieb des Bootes beim Austrimmen mit zusätzlichem Bleiballast ausgeglichen wird. Hier wollte ich diese Praxis umkehren und die tatsächlich notwendigen Nutzlasten mit nachträglich zugefügten „Trimmauftrieben“ ausgleichen. Durch diese Maßnahme sollte das maßstabgerechte Sollgewicht des Modells wesentlich reduziert werden. Je nach Bedarf kann man am fertigen Modell während des Austrimmens verschieden große Auftriebskörper in die Bug- und Hecksektion einbringen, ohne dabei die druckfeste Zentralsektion immer wieder öffnen oder schließen zu müssen.

Die Breite des Laufdecks war so zu wählen, dass man bei abgenommenen Decksplatten in die Bug- bzw. Hecksektion mit der Hand hineingreifen kann. Dies ist notwendig, weil erstens in ihnen Austrimmarbeiten durchzuführen sind und zweitens diese Sektionen mit M10-Muttern an den Gewindestangen der Zentralsektion festgeschraubt werden müssen. Die Bug- und die Hecksektion haben bei abgenommener Decksplatte an ihrer breitesten Stelle eine Zugangsbreite von 126 mm.

Nun erst konnten die Linienrisse erarbeitet und daraus dann die Spantenrisse abgeleitet werden. Alle Zeichnungen wurden modellbezogen 1:1 mit Bleistift erstellt. Das hat den Vorteil, dass man während des Bauablaufes je nach Bedarf radieren, verändern und ergänzen kann. Nur die Spantenrisse für Bug- und Hecksektion, siehe Abbildungen, wurden als Tuschezeichnungen ausgeführt, um sie später in Anzahl der benötigten Spanten maßgerecht kopieren zu können. Die Spantenrisse enthalten nur die Außenkonturen der Spanten, die einzelnen Innenkonturen und Besonderheiten wurden erst später nach dem Kopieren bzw. Aufkleben auf Sperrholz mit Rotstift eingezeichnet.

Zusammenfassend sei nochmals gesagt, dass mit dieser Konstruktion das Ziel verfolgt wurde, diesen Sektionsbau so zu konzipieren, dass auch im getrennten Zustand jede Sektion für sich separat schwimmfähig und mit der eigenen metazentrischen Höhe auch stabil ist. Der spätere praktische Schwimmversuch hat für die Zentralsektion einen Restauftrieb von 560 g ergeben. Sie war sogar ohne alles andere statisch voll tauchfähig. Es war schon ein spannender Moment, als das „Rohr“ zum ersten Mal zu Wasser gelassen wurde, und siehe da, es schwamm mit ungeflutetem Tank. Die Abbildung zeigt, dass sich alle Vorausberechnungen beim praktischen Versuch bestätigt haben.

## Tauchtechnik

Der wohl wichtigste Komplex des U-Boot-Modells ist die Tauchtechnik, die über Erfolg oder Misserfolg entscheidet. Man hört immer wieder Spötter sagen: „Tauchen kann jeder – auftauchen aber nicht!, oder „Tauchen ist keine Kunst – auftauchen ist das Können.“ Um bei diesem Ausdruck zu bleiben: Das Können besteht darin, Modell und Tauchtechnik so zu kreieren, dass das U-Boot-Modell beim Tauchen, Fahren und Auftauchen dem Willen seines Kommandanten gehorcht. Im Prinzip geht es nur darum, durch die Aufnahme oder Abgabe von Ballastwasser den Gleichgewichtszustand zwischen Auftrieb und Gewicht positiv oder negativ zu verändern. Dabei ist es wichtig, das Flutgewicht zwischen Maximum und Minimum stufenlos regeln und bei jeder beliebigen Menge anhalten zu können, ohne dadurch die Lagestabilität des getauchten Modells zu verlieren.

Zu diesem Zweck wurden viele Systeme ausgetüftelt, mit denen diese Ziele von recht und schlecht bis vollkommen gut erreicht werden. Da gibt es zwischen fest und flexibel alle Tauchtankarten, geschlossene und offene Systeme, Entlüftung nach innen und außen, Lenzung durch Pumpe, Kolben, Luftdruck usw. Manche haben Pressluftflaschen und sogar Kompressoren an Bord und die Regel- bzw. Steuersysteme reichen von der einfachen Handsteuerung über Halbautomatik bis zur elektronisch perfektionierten Vollautomatik. Man findet unter den Modellbauern Spezialisten, die fluten, tauchen und blasen an wie beim großen Vorbild. Und mitunter ist die Bastelfreude an der ausgeklügelten Tauchtechnik und Elektronik sogar größer als am eigentlichen U-Boot-Modell. Eine weitere Aufzählung oder nähere Beschreibung aller Möglichkeiten kann hier ausgespart bleiben, weil ich in meinen Modellen nur den Kolbentank verwende und die besten Erfahrungen dabei gemacht habe. Den interessierten Leser verweise ich daher wieder auf das Buch „Technik der U-Boot-Modelle", in dem alle wichtigen Systeme vorgestellt werden.

Die in der Fachliteratur gepriesenen Vorzüge des Kolbentanks hatten mich von Anfang an überzeugt und sich in der Praxis voll und ganz bestätigt, sodass auch beim vierten U-Boot-Modell nur ein Kolbentank in Betracht kam. Seine Vorzüge im Einzelnen:

- Die geflutete Wassermenge ist in jeder Situation exakt einstellbar und sie bleibt dann auch druckunabhängig konstant.
- Es gibt im Tank kein Luftpolster, das durch tiefenabhängige Kompression den Auftrieb verändert.
- Aus gleichem Grund kann beim teilweise gefluteten Tank kein Wasser hin- und herschwappen, durch das sich der Gewichtsschwerpunkt hin- und herbewegen würde.
- Es ist keine Entlüftung nach außen notwendig. Beim Fluten wird mit Kolbendruck die Luft im druckfesten Teil des Rumpfes um den Betrag des Flutvolumens komprimiert.
- Das Fluten und Lenzen bedarf keiner Zusatzeinrichtungen, wie sie bei anderen Tauchtechniken notwendig sind. D.h., es werden keine Ventile, Pumpen, Druckflaschen, Kompressoren oder ähnliche Hilfsmittel gebraucht.

Das Einzige, was dem Modellbauer Schwierigkeiten bereiten könnte, ist der Antrieb des Kolbens mit Gewindespindel, Getriebe und Motor. Es gibt aber Möglichkeiten, Kolbentanks speziell für U-Boot-Modelle einschließlich Antriebstechnik und Einschalter käuflich zu erwerben. Auch meine normal eingerichtete Modellbauwerkstatt erlaubt es nicht, eine solche Tauchtankanlage vollständig selbst herzustellen, was sicherlich ebenso für viele andere Modellbauer zutrifft. Eine handelsübliche komplette Baugruppe wollte ich aber nicht kaufen, denn erstens sind sie nicht gerade billig und gehen vor allem mit ihrem nutzbaren Volumen kaum über 750 ml hinaus, sodass für normal große U-Boot-Modelle wenigstens zwei Stück eingebaut werden müssen. Letzteres soll aber kein Hinderungsgrund sein, weil die Verwendung von zwei gleich großen Kolbentanks einen nicht unerheblichen Vorteil hat. Bei richtiger, also gegenläufiger Anordnung gibt es nämlich beim Fluten überhaupt keine Schwerpunktverschiebung.

Für mein neues U-Boot-Modell wurde eine Tankkapazität von mehr als 2 l gebraucht und ich wählte den gleichen Weg, der schon bei den Vorgängermodellen zum Erfolg geführt hatte. Siehe dazu auch die Beschreibungen und Abbildungen in meinem Buch „Bautechniken für Schiffsmodelle". Hier also nur ganz kurz: In manchen Maschinenbaufirmen kommen Pneumatikzylinder zum Einsatz, die für unsere U-Boot-Modelle verwendbar sind oder verwendbar gemacht werden können. Es gibt sie in allen Größen und Formen und sie dienen in ihrer Originalform unter anderem zum Öffnen und Schließen von Spritzgusswerkzeugen, Montagevorrichtungen, Fertigungsautomaten usw. Wo solche Maschinen gewartet, repariert oder generalüberholt werden, wechselt man diese Pneumatikzylinder nach Erreichen des Betriebsstundenlimits gegen neue aus. Die gebrauchten wandern in der Regel in den Schrottcontainer, wo sie für den Modellbauer zum Nulltarif zur Verfügung stehen. Für unsere Modellbauzwecke können sie als voll gebrauchsfähig angesehen werden, weil der benötigte Arbeitsdruck um das Hundertfache und mehr geringer ist als der ursprüngliche Nenn-

Industrie-Pneumatikzylinder in verschiedenen Größen und Bauarten

Das war der viel zu schwere Originalzustand für den U-23-Tauchtank.

So sah der Pneumatikzylinder mit 2,39 l Flutvolumen für das U-18-Modell vor dem Umbau aus.

druck. Aus verständlichen Gründen kann ich hier keine derartigen Bezugsquellen mit Straße und Hausnummer nennen, man muss sich schon selbst in diesem Gewerbe umhören und umsehen, Verbindung aufnehmen, vorsprechen und fragen. Bei Technikern findet man für ein Hobby wie das unsere meist ein offenes Ohr und es wird gerne geholfen.

Natürlich ist das Komplettgewicht im Originalzustand der Zylinder ziemlich hoch, weil Stahlzylinder, Kolbenstange, Kopfteile und Verschraubungen für sehr hohe Festigkeiten materialintensiv ausgelegt sind. Vor allem bei größeren Exemplaren mit mehr als 1,5 l ist ein Umbau bzw. eine Gewichtsreduzierung unumgänglich, außerdem lassen sich dadurch auch die äußeren Hauptabmessungen reduzieren. Für meinen letztlich verwendeten Pneumatikzylinder war die Verschraubung besonders vorteilhaft. Meistens werden die überschweren und übergroßen Zylinderkopfteile nämlich mit vier durchgehenden Gewindebolzen und acht Muttern in der Größenordnung M10 von beiden Seiten gegen den Stahlzylinder gepresst. Bei meinem Stück war dies anders und für meine Zwecke besser gelöst, hier erfolgt die Verschraubung auf beiden Seiten getrennt voneinander mit Spannringen und je vier Schrauben. Für den Innenaufbau des Modells hat sich dadurch eine äußerst günstige Konstruktion angeboten. Anstelle der zweimal vier Schrauben wurden Gewindestangen eingesetzt, wodurch die Tauchtankanlage zusammen mit der kompletten „Zentrale“ eine in sich abgeschlossene, selbsttragende Baueinheit bildet. In den Folgeabschnitten wird dies im Detail ausführlich beschrieben.

## Steuertechnik

Bei normalen Schiffsmodellen ist die Steuertechnik derart selbstverständlich, dass es sich erübrigt, darüber große Abhandlungen zu schreiben. Da gibt es nur die eine Bezugsebene der Wasseroberfläche. Das so genannte Überwasserschiff schwimmt halt immer mit konstanter Eintauchtiefe auf dieser Ebene, wobei es völlig gleichgültig ist, ob es fährt oder nicht fährt. Beim U-Boot ist das natürlich ganz anders und um einiges schwieriger. Wenn wir wieder von unserer grundsätzlichen bzw. bevorzugten Betrachtungsweise ausgehen, nämlich vom getauchten Zustand des Modells, stehen der Beweglichkeit, der Lageänderung und Ortsänderung im Prinzip alle Freiheitsgrade offen. Es geht also darum, mit Funk, Elektronik und Mechanik steuertechnisch alles zu beherrschen.

Um die Steuertechnik überhaupt verwirklichen zu können, bedarf es zunächst einer geeigneten Funkfernsteueranlage. Es gibt natürlich verschiedene Fabrikate, die einander in der Qualität und im Gebrauchswertes in nichts nachstehen. Die großen Markennamen sind allgemein bekannt und müssen hier nicht vorgestellt werden. Ich würde mir auch nicht zutrauen, die eine als besser und die andere als schlechter zu bezeichnen. Alle bieten auch das notwendige Zubehör an wie Servos, Fahrtregler, Einkanalschalter, Zweikanalschalter, Umpolschalter, Spannungsregler, Akkusysteme, Verbindungskabel, Ergänzungs- und Ausbaumodule usw. Alles ist bequem steckbar, alles passt zusammen, wobei jedoch die Steckverbinder zwischen den Fabrikaten leider nicht immer kompatibel sind. Mehr darüber zu sagen erübrigt sich, denn man findet ausführliche Beschreibungen in den bekannten großen Herstellerkatalogen.

Auf den ganzen hochfrequenztechnischen Kram der Sender- und Empfängersysteme kann ebenso verzichtet werden, weil dies der normale Fernsteuerkapitän weder beeinflussen kann noch wissen muss und den elektronisch nicht versierten Leser höchstens noch verunsichert. Es wird aber als wichtig erachtet, das Prinzip der digitalen Proportionalfernsteuerung etwas vereinfacht zu erläutern. Für den Anwender ist es sachdienlich zu wissen, wie das aussieht, was hinten am Kanalausgang des Empfängers herauskommt. Wer sich dies in etwa vorstellen kann, wird auch zur Nutzbar-

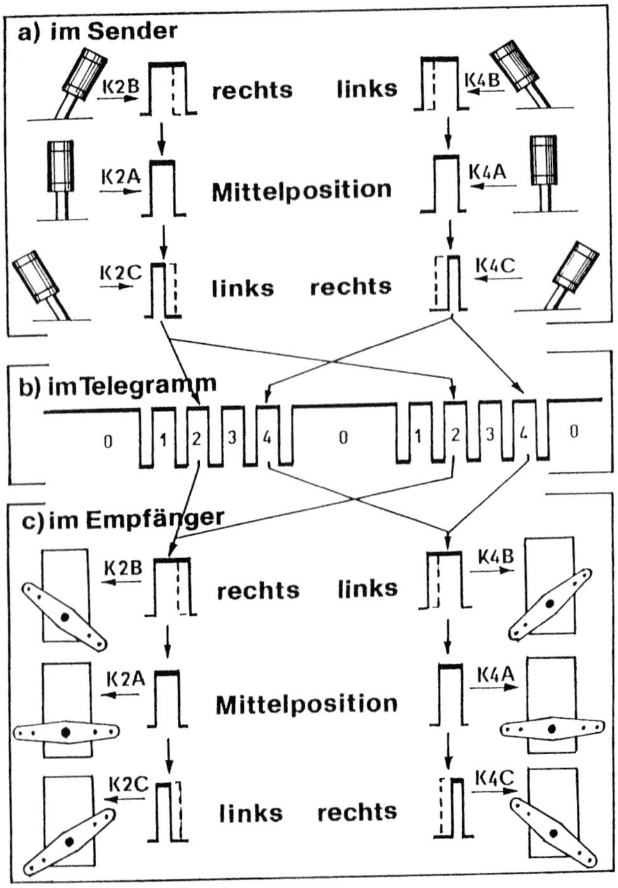


**Schema der Digitalproportionalsteuerung**

machung der Impulsvariation einen besseren Durchblick haben. Um es zu diesem Zweck nicht komplizierter zu machen, als es notwendig ist, wird nur das Grundprinzip der Kommandokodierung in vereinfachter Form dargestellt.

Für die Übertragung eines Kommandos wird ein Impuls pro Übertragungskanal benutzt. Mit dem Drehwinkel des Steuerknüppels verändert sich proportional die Impulslänge und wird nach der Dekodierung im Empfänger wieder proportional in den Drehwinkel des Servos verwandelt. Natürlich sind die zugehörigen elektronischen Aufschalteinrichtungen viel komplizierter, als diese einfache Beschreibung vermuten lässt, aber um das Grundprinzip zu verstehen, muss man nicht unbedingt wissen, wie z.B. eine Servoelektronik oder eine Dekodierung funktioniert. Der variationsfähige Digitalimpuls, das ist der eigentliche Selbstzweck, alles andere, wie z.B. die Impulsaufbereitung, die Sendetechnik usw., ist nur Mittel zum Zweck. Wenn am Sender beispielsweise der Steuerknüppel vom Kanal 2 um 20° nach links ausgelenkt wird, verändert sich dazu proportional die Länge vom Impuls 2. Diese im Empfänger ankommende und ausgewertete Impulslängenänderung wird in die Servoelektronik geleitet, sodass sich letztlich die Servoachse um 20° dreht.

Die Normallänge des Digitalimpulses ist die mittlere Länge, und diese ist übereinstimmend mit der Normalstellung bzw. Mittelstellung des Steuerknüppels. Diese Impulslänge kann mit dem Steuerknüppel verkürzt oder verlängert werden, indem der Steuerknüppel nach der einen oder anderen Seite bewegt wird. Da für jeden Kommandokanal ein solcher Impuls zur Verfügung stehen muss, hat also eine Zweikanalanlage zwei Steuerimpulse, eine Vierkanalanlage vier Steuerimpulse usw. Die Impulse werden nach dem Senderkoder auf einer Sammelschiene zum so genannten Impulstelegramm mit etwa 0,2 bis 0,4 Sekunden Abstand aneinander gereiht und von dort für das Senden aufbereitet. Nach Durchlauf des Impulstelegramms erfolgt eine Synchronisationspause, die dann auch im Empfänger dem Schieberegister bzw. der Zählkette die Chance gibt, zurück auf null zu gehen, um synchron zum Sender das folgende Impulstelegramm zeitgleich zu verarbeiten. Der gesamte Teilvorgang vom Beginn des Impulstelegramms bis zum Beginn des Folgetelegramms dauert je nach Fabrikat etwa 25 ms. Innerhalb des Telegramms können unabhängig voneinander auf jedem Kanal durch jede beliebige Impulslängenveränderung ein oder mehrere Kommandos übertragen werden. Wie oben angedeutet, wird im Dekoder des Empfänger das Impulstelegramm durch einen elektronischen Zähler bzw. ein Schieberegister wieder in Einzelimpulse zerlegt und getrennt voneinander jeder Impuls auf seinen Kanalausgang geführt.

Über einen Kanal können außer der Proportionalnutzung auch zwei Schaltkommandos übertragen werden, indem beispielsweise bei unserer Anwendung die Impulslängenverkleinerung für „Fluten" und die Impulslängenvergrößerung für „Lenzen" genutzt wird. Diese Möglichkeit nehmen manche Hersteller zum Anlass, eine Zweikanalanlage als Vierkanalanlage oder eine Vierkanalanlage als Achtkanalanlage zu verkaufen. Dies ist fachlich eindeutig unrichtig und führt so manchen Modellbauer zu falschen Schlussfolgerungen.

Sicher ist die hier gegebene Kurzbeschreibung eine extreme Vereinfachung der um ein Vielfaches komplizierteren Fernsteuertechnik, aber sie hilft, das Grundprinzip zu verstehen. Wenn sich der interessierte Leser tiefgründiger informieren möchte, kann man nur zu einem guten Fachbuch raten.

Was die eigentliche Steuertechnik im Modell angeht, sind folgende Hauptbereiche zu nennen: Erstens ist das die Antriebsmaschine, mit der das Modell über oder unter Wasser vorwärts bzw. rückwärts fährt und bei Abschaltung keine Fahrt macht. In der Regel wird das über einen Proportionalkanal mit elektronischem Fahrtregler gesteuert, aber auch ein mechanischer Fahrtregler ist möglich, der mithilfe eines Servos angetrieben wird.

Zweitens geht es um das oder die Seitenruder, mit denen das U-Boot-Modell sowohl über als auch unter Wasser nach Backbord, Steuerbord oder geradeaus gesteuert wird. Diese Steuerung erfolgt ebenfalls über einen Proportionalkanal und ein Servo, das gleichzeitig die Funktion der Rudermaschine übernimmt.

Bis hierher gibt es hinsichtlich der Steuerung keine Unterschiede zum normalen Überwasserschiffsmodell. Um diesen Minimalsteuerumfang zu bewältigen, würde also eine Zweikanal-Fernsteueranlage ausreichen, was aber für statisch tauchende U-Boot-Modelle nicht zutrifft. Hier kommt als Drittes die Steuerung des Tauchtanks hinzu, in unserem Fall ein Kolbentank. Der Kolben muss sich mithilfe eines elektromechanischen Antriebs im Tankzylinder auf „Fluten" und „Lenzen" schieben lassen und auch in jeder beliebige Position anhalten können. Der dafür nötige Elektromotor muss also für Vorwärts- und Rückwärtslauf sowie

Stoppfunktion steuerbar sein. Zu diesem Zweck wird ein dritter Proportionalkanal gebraucht, wobei z.B. der schmaler werdende Impuls für Linkslauf, der breiter werdende für Rechtslauf und die Impulsnormbreite für Motorstopp genutzt wird. Das Einschalten, Ausschalten und umgepolte Einschalten des Motors kann z.B. mit einem Servo erfolgen, das über eine Nockenscheibe zwei doppelpolige Schalter betätigt. Es ist aber auch möglich, zwei einpolige Schalter zu verwenden und mit ihnen dann je ein Relais mit zwei Umpolkontaktsätzen zu schalten, die dann durch Umpolung den Tankmotor auf Linkslauf, Rechtslauf bzw. Stopp schalten.

Auf das Servo kann man auch ganz verzichten, wenn ein elektronischer Polumschalter mit Relaisbestückung zum Einsatz kommt. Die Relaisumschaltung erfolgt dann auf direktem Wege durch die elektronische Auswertung der jeweils ankommenden Impulsbreite.

Noch eleganter ist ein von Norbert Brüggen entwickelter Baustein zur Ballasttanksteuerung. Darin wird ebenfalls ein Proportionalkanal bzw. die Impulsbreitenvariation in die gewünschten Schaltfunktionen umgewandelt. Die Einschalt- und Umpolvorgänge erfolgen aber etwas zeitverzögert, damit Störimpulse kein Unheil anrichten können. Außerdem schaltet dieser Baustein auf Zwangslenzung, wenn z.B. am Empfängereingang durch Senderausfall oder zu große Tiefe keine Funksignale mehr ankommen. Auch dazu ist eine Zeitverzögerung einstellbar. Es kann sogar ein Wassermelder angeschlossen werden, der bei Wassereinbruch den Baustein veranlasst, die Funktion „Fluten" elektronisch zu sperren. Schließlich wird auch noch beim Absinken der Bordspannung des Empfängerstromkreises automatisch auf „Lenzen" umgeschaltet.

Viertens muss das U-Boot-Modell auf die gewünschte Tiefe gesteuert werden. Dies kann durch Tiefenruder vorne, Tiefenruder achtern oder Tiefenruder vorne und achtern erfolgen. Im einfachsten Fall wird das Tiefenruder achtern mit einem Servo angetrieben, das am vierten Kanalausgang des Empfängers angesteckt ist. Daraus lässt sich erkennen, dass unser U-Boot-Modell mit einer Vierkanalanlage betrieben werden muss. Aber Achtung: Wie oben erwähnt hat die von manchen Herstellern angebotene Vierkanalanlage in Wahrheit nur zwei Proportionalkanäle verfügbar! Wenn man dieser werblichen Zählweise folgen wollte, müsste man entsprechend eine Achtkanalanlage erwerben, um tatsächlich vier Proportionalkanäle zu haben.

Doch zurück zur Tiefensteuerung. Die oben beschriebene einfache Tiefenregelung bedingt, dass während einer Tauchfahrt die Tauchtiefe mit dem Steuerknüppel von Hand gesteuert werden muss. Das ist aber keine leichte Aufgabe und setzt viel Übung voraus. Wird z.B. in trüben und tiefen Gewässern auf Tauchfahrt gegangen, kann unser U-Boot-Modell sogar in Gefahr geraten, sobald es außer Sicht ist. Um diese Nachteile alle auszuschalten, wurden automatische Tiefenregler entwickelt, die mit großem Erfolg eingesetzt werden. In den genannten Büchern „U-Boot-Modelle ferngesteuert" und „Technik der U-Boot-Modelle" wird auch auf solch automatische Steuersysteme ausführlich eingegangen. Das erstgenannte von Walter Füller ist ein anspruchsvolles Werk, das vom Leser einige Vorkenntnisse zu U-Boot-Technik und U-Boot-Elektronik fordert. Das zweitgenannte Buch setzt im Prinzip keine speziellen Vorkenntnisse voraus, denn Norbert Brüggen schreibt so, dass es vom Einsteiger bis zum Fortgeschrittenen verstanden werden kann. Er hat hervorragende Steuersysteme für U-Boot-Modelle entwickelt und vertreibt diese auch selbst.

Das ist z.B. ein automatischer Lageregler, der nicht größer als eine Briefmarke ist und bezeichnenderweise „Lage-Regler-Briefmarke" heißt. Bei einem anderen Regler geht er noch einen Schritt weiter, indem in ein und demselben Baustein sowohl die Horizontallage als auch die konstante Tauchtiefe durch elektronische Auswertung von Neigungs- und Drucksensor automatisch geregelt werden. Wer sich

**Hier am U 23-Modell wird das vordere Tiefenruder, aber am U 18-Modell nur das hintere Tiefenruder betätigt.**

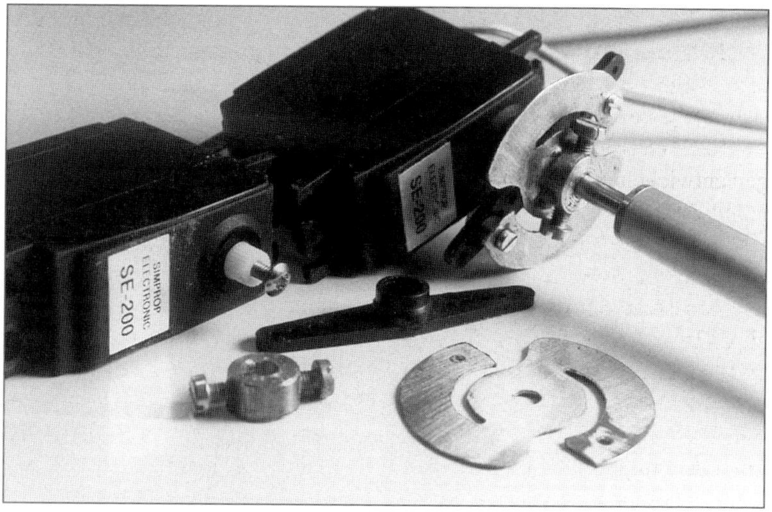


**Die Servos sind bei U 505 und U 23 mit solchen Bronzefederscheiben an die Steuerwellen gekoppelt.**

hierzu noch weiter informieren möchte, kann sich den Prospekt „Modell-Uboot-Spezialitäten" schicken lassen (Anschrift s. Bezugsquellen im Anhang). Zwei meiner U-Boot-Modelle wurden mit solchen Reglern nachgerüstet. Ihre Wirkung ist überzeugend gut. Zur Steuertechnik gehört natürlich auch noch etwas Mechanik. Zum Propellerantrieb bzw. zum Welleneinbau kommen wir noch an anderer Stelle, hier sei aber der mechanische Antrieb des Tiefenruders erwähnt. Ich hatte mich weder für Gummibalg noch für Stopfbuchse entschieden. Die Steuerservos sind in der Zentralsektion liegend eingebaut, sodass die Servoachsen nach achtern zeigen. Die Durchführung durch das Druckschott bzw. durch den hinteren Deckel der Zentralsektion erfolgt mit U-Boot-tauglichen Wellenrohren, wie sie z.B. von Harhaus angeboten werden. Sie wurden aber auf 7 cm Länge gekürzt und mit Epoxydharz eingegossen. Die sonst üblichen Rudergestänge sind hier also Ruderwellen, die, frei von Wasser

**Umkehr der Drehbewegung in eine Schiebebewegung der Seitenruderstange**

**Wellendurchführung am hinteren Druckschott. Die Ankoppelung an die Ruderwellen erfolgt mit Gummischeiben und an die Antriebswelle mit Doppelkardan.**

umgeben, durch die Hecksektion bis hinten zu den Rudern führen. Am Ende werden sie in einem Messinggleitlager geführt und dann mit einem Abschlusshebel mit dem Ruderblatt verbunden. Wegen der feinfühligen Automatiksteuerung darf die Tiefenruderanlenkung kein spürbares Spiel haben. Die Wellen sind auf einigen Abbildungen zu erkennen.

## Tauchtankanlage

Der Tauchtank ist zur tragenden Baueinheit umgestaltet worden. Die Tauchtankanlage bildet mit ihrem Gewichtsschwerpunkt den Gewichtsmittelpunkt des ganzen Modells in Längsrichtung. Symmetrisch zu ihr werden alle anderen Nutzlasten beidseitig waagegenau ver-

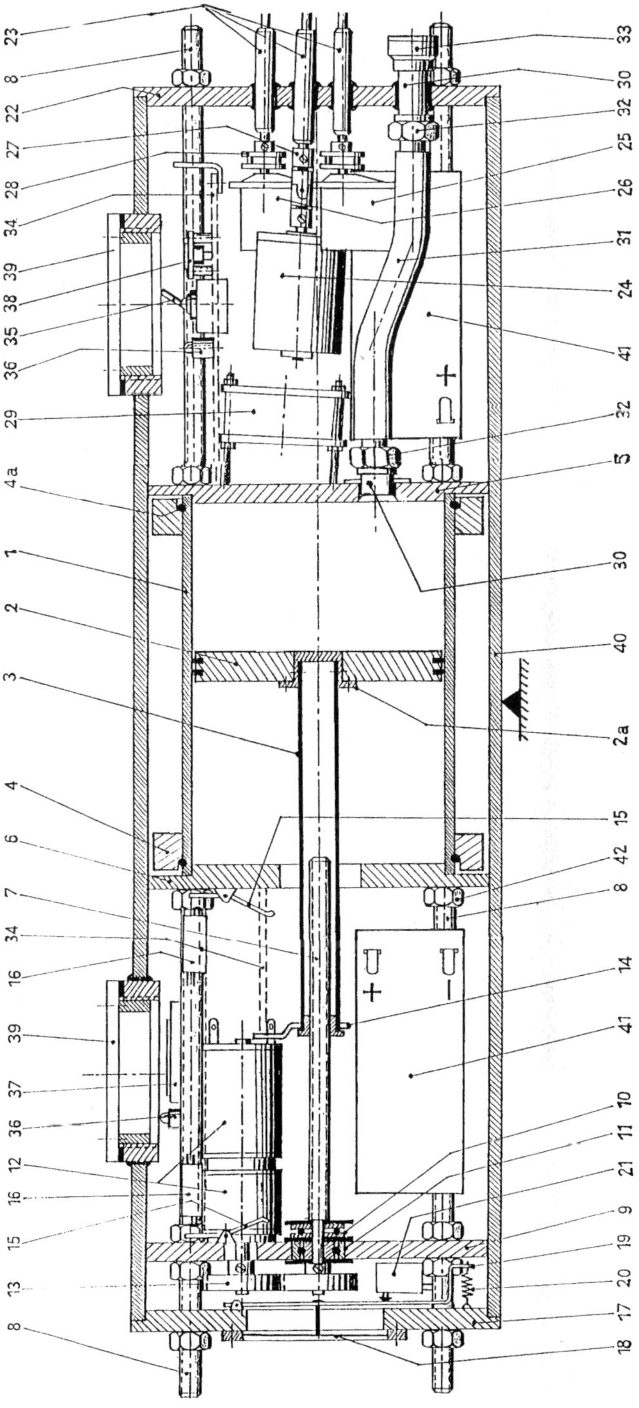


**Konstruktionsschema der Zentralsektion**

teilt und angeordnet. Für die folgende Beschreibung gehen wir vom bereits umgebauten Tauchtank aus (zu Einzelheiten s. nächstes Kapitel), die dazu verwendete Teilebenennung und -nummerierung findet der Leser in der Abbildung „Konstruktionsschema der Zentralsektion".

Die ursprünglich 30 mm dicke Kolbenstange aus Stahl wurde aus dem eigentlichen Druckgusskolben herausgeschraubt und durch ein handelsübliches Kupferrohr (3) mit 22 mm Außendurchmesser ersetzt. Der Arbeitshub beträgt 195 mm, sodass einschließlich Kolbensitz und Außenführung 250 mm Gesamtlänge gewählt wurde. In der zentralen Kolbenbohrung ist eine Buchse (2a) mit Flansch und Innenbohrung vorgesehen. Vorne im Kupferrohr ist ebenfalls eine Messingbuchse vorgesehen, die mit M10-Innengewinde die M10-Zugspindel (7) aufnimmt. Die neuen Kopfdeckel (5) und (6) werden durch die Gewindestangen (8), die Spannringe (4) und die M10-Muttern (12) zusammen mit dem Stahlzylinder (1) verschraubt. Man beachte, dass der Stahlzylinder (1) beidseitig eine umlaufende Nut hat, in der mit etwas Vorspannung je ein Stahlring (4a) liegt. Diese Stahlringe funktionieren als Widerlager gegen den Andruck der Spannringe (4). Der Zylinderdeckel (5) muss druckfest und wasserdicht mit dem Stahlzylinder (1) verschraubt sein. Für Ein- und Auslass des Wassers befindet sich im unteren Drittel des Deckels (5) eine eingeharzte Messingbuchse (30), in der eine handelsübliche Verschraubung (32), wie sie von den Installateuren benutzt wird, eingelötet ist. Die Zugspindel (7) der Kolbenstange (3) wird auf der Antriebsseite im Stütz- und Lagerschild (9) gelagert und geführt. Das Stütz- und Lagerschild (9) sitzt auf den vier Gewindestangen (8), mit denen der Deckel (6) mit dem Tauchtankzylinder (1) verschraubt ist. Diese einfache Lösung ergab sich auf eben dieser günstigen Zylinderkopfverschraubung des Originals. Relativ einfach wurde auch der Spindelantrieb gelöst. Am genannten Stütz- und Lagerschild (9) sind auch Getriebe und Motor angeflanscht. Die Anordnung ist so gewählt, dass die Abtriebsachse des Getriebes (12) und die auf 6 mm Durchmesser abgestufte Zugspindel (7) gleich lang durch das Lagerschild (9) ragen. Zwei Stirnzahnräder (13) mit Modul 1 und Zahnbreite 6 mm sorgen für die nötige Rotations- und Kraftübertragung. Die Radialkräfte der Zugspindel (7) werden vom Radialkugellager (11) und die Axialkräfte vom Axialkugellager (10) aufgenommen. Trotzdem treten in der Spindelmutter (3a) und an den Kolbenringen Reibungsverluste auf, die durch ein ausreichendes Drehmoment zusätzlich zu überwinden sind. Die beiden Außenzahnräder mit Naben, Stellschrauben und Achsverbohrung sind sehr stabil und kraftschlüssig zu befestigen.

Die Drehzahluntersetzung erfolgt im Verhältnis 46:1. Je nach Motortyp muss die effektive Zugspindeldrehzahl experimentell ermittelt werden. Hier in diesem Fall dauert der volle Kolbenhub 40 s. Das Modell taucht wegen der gewollten Untertriebsreserve etwa nach 32 s, was als gut angesehen werden kann. Natürlich sind auch kürzere Tauchzeiten möglich, dazu bedarf es aber eines stärkeren Motors und eines Getriebes mit anderem Untersetzungsverhältnis. Wenn aber die Leistung erhöht wird, erhöht sich auch der Stromverbrauch, was allerdings nicht erstrebenswert ist.

Es soll nicht unerwähnt bleiben, dass in der Abbildung zum Konstruktionsschema der Tauchtankmotor (12) mit seinem Getriebe zur besseren Übersicht und Erläuterung über der Gewindespindel (7) eingezeichnet wurde. In Wirklichkeit ist er zugunsten der metazentrischen Höhe tiefer angeordnet.

## Zentrale

Eigentlich lassen sich die Bereiche Tauchtankanlage und Zentrale kaum auseinander halten, die beiden getrennten Abschnitte sollen nur dem besseren Verständnis dienen. In dieser Hauptbaugruppe ist die gesamte Funktionstech-

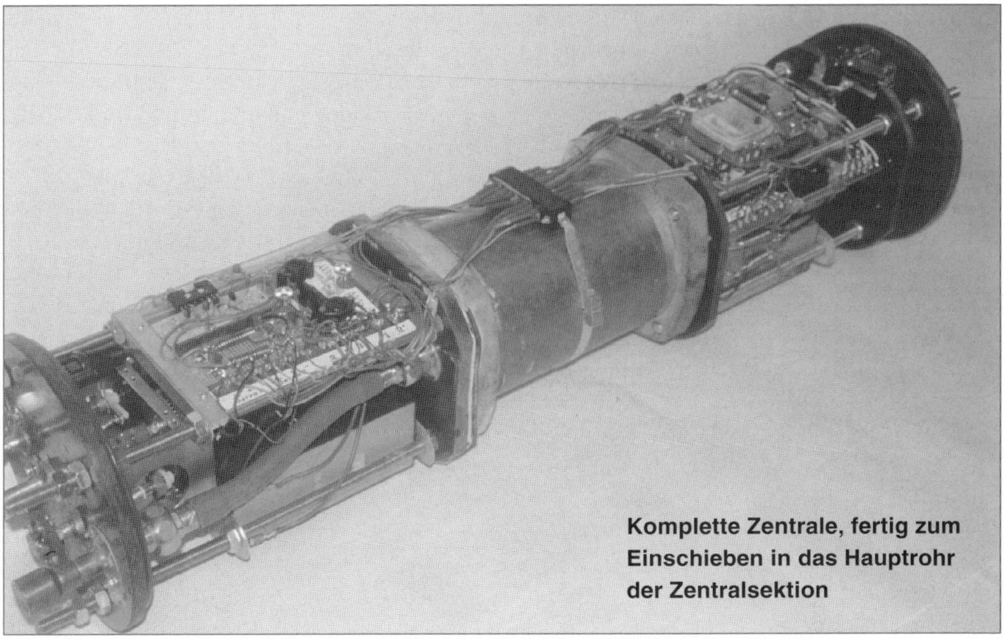

**Komplette Zentrale, fertig zum Einschieben in das Hauptrohr der Zentralsektion**

nik des U-Boot-Modells zusammengefasst, sie wird daher in bildhafter Weise „Zentrale“ genannt. Die angesprochene Abbildung zum Konstruktionsschema der Zentralsektion muss man sich zunächst einmal ohne Druckrohr (40) und ohne die Druckschotts (17) und (22) vorstellen. Der sich selbst tragende Innenaufbau besteht, wie bisher beschrieben, aus dem Kolbentank (1 bis 6) und den acht M10-Gewindestangen (8). Zusammen mit dem aufgeschobenen und verschraubten Stütz- und Lagerschild (9) wird das sehr stabile Grundgestell für die Zentrale gebildet. Das Konstruktionsschema der Zentralsektion zeigt zum Zweck besserer Übersicht den Kolben (2) mit Stange (3) in Mittelstellung. Dies würde z.B. dem vorgefluteten Zustand der Überwasserfahrt bei Alarmbereitschaft entsprechen. Für spätere Berechnungen und Erläuterung der waagegerechten Gewichtsverteilung in Längsrichtung muss sich der Leser den Kolben (2) in Stellung Vorderanschlag (links) und den Tankzylinder voll geflutet vorstellen. Alle Teile wurden gewogen und in einer Gewichtstabelle aufgelistet. Zusammen mit der Platzierung und Höhenanordnung aller Teile bzw. aller Nutzlasten war dies für die Berechnung der metazentrischen Höhe der Zentralsektion von großer Bedeutung. Der Gewichtsschwerpunkt in Längsrichtung sollte für den getauchten Zustand mittig über dem eingezeichneten Waagepunkt liegen. Für den aufgetauchten Zustand muss man davon ausgehen, dass der Tauchtank gelenzt ist, wobei sich der Kolben am Tankdeckel (5) befindet. Damit verlagert sich der Gewichtsschwerpunkt des U-Boot-Modells etwas nach hinten. Bei Überwasserfahrt liegt dann das Heck ein paar Millimeter tiefer im Wasser als der Bugbereich. Dies muss zugunsten der Unterwasserstabilität in Kauf genommen werden. Verglichen mit dem Original bleibt das Erscheinungsbild des Modells aber durchaus realistisch.

Die konstruktive Lösung der Zentrale ist für eine Gewichts- und Gleichgewichtsvariation hervorragend geeignet. Ausgehend vom mittig angeordneten Tauchtank können alle anderen Teile mit ihren Eigengewichten in

**Elektronik und Elektrotechnik vor dem Tauchtank**

Längsrichtung verschoben werden. Alle Bauteile bzw. Baugruppen sind auf den Gewindestangen in Längsrichtung verschiebbar und durch M10-Muttern zu fixieren. Selbst die tief liegenden Bleiakkus (41) mit ihren zweimal 2,87 kg Gewicht befinden sich in zwei Blechhalterungen, die auf den unteren Gewindestangen (8) verschoben und fixiert werden können. Auch der Antriebsmotor (24) und die Servos (25) und (26) sind auf einem gemeinsamen Chassis aus Messingblech montiert, das abstandsvariabel am Rohrdeckel (22) befestigt ist. Dieses Chassisteil ist hier nicht gezeichnet, um die Übersichtlichkeit nicht zu beeinträchtigen, man sieht es aber auf den Fotos.

Vorne befindet sich der Rohrdeckel (17) mit einer kreisrunden Öffnung in der Mitte. Auf ihr ist eine Tauchtiefenmembran aus Polyäthylen mit einem Messingring aufgeschraubt. Bei zunehmendem Wasserdruck biegt die Membran (18) nach innen durch, sodass der Scharnierhebel (19) den Schalter (21) betätigt. Mit der einstellbaren Feder (20) wird die gewünschte Maximaltiefe bestimmt, bei der dieser Schalter (21) ein zweipoliges Umschaltrelais betätigt und den Motor (12) auf Zwangslenzung schaltet. Die Einstellung wurde experimentell so fixiert, dass die Durchbiegung der Membran (18) bei 0,9 m Tauchtiefe den Schaltvorgang auslöst. Steigt das Boot nach eingeleiteter Zwangslenzung um ein paar Zentimeter höher, wird der Tauchtankmotor wieder abgeschaltet, worauf das Boot wieder bis auf 0,9 m Tiefe sinkt. Im rein statischen Tauchbetrieb pendelt das Boot, ohne Fahrt zu machen, um diesen Differenzbetrag bzw. um einen mittleren Tiefenbetrag automatisch auf und ab.

Natürlich darf dies nicht als uneingeschränkte Tauchtiefensicherheit angesehen werden. Bei hoher Fahrt kann das Modell durch Steuerfehler oder andere Einflüsse schneller in größere Tiefen geraten, als es die Zwangslenzung ausgleichen kann. Je größer die Tiefe ist, auf welche diese Begrenzung eingestellt wur-

**Elektronik und Elektrotechnik hinter dem Tauchtank**

de, umso größer ist die Gefahr, das Modell Wasserdrücken auszusetzen, für die es nicht berechnet ist. Bei Tauchfahrten in trüben Gewässern ist diese Gefahr besonders groß, wenn der Blickkontakt abreißt.

An dieser Stelle sollen aber noch die Endschalter (16) für den Kolbentank erwähnt werden. Die Endzustände des Flutens oder Lenzens sind für den Modellkommandanten unsichtbar. Das Abschalten muss also automatisch erfolgen, andernfalls würden die Motor- und Getriebekräfte eine Selbstzerstörung der Tankanlage herbeiführen. Wie es das genannte Konstruktionsschema zeigt, betätigt der Hebel (14) bei Erreichung der jeweiligen Endstellung einen federnd aufgehängten Schalthebel (15), der dann seinerseits den Endschalter (16) unterbricht, sodass der Motor (12) abschaltet. Da aber dieser Schalter (16) geöffnet bleibt, wird er für die umgepolte Rücklauffunktion mit einer einseitig durchlässigen Diode überbrückt.

In diesem Zusammenhang sei darauf hingewiesen, dass das umfangreiche Gebiet der Elektrik und Elektronik hier nur verkürzt behandelt werden kann. Den auf diesem Gebiet weniger erfahrenen Einsteigern seien daher folgende Bücher empfohlen: „Elektrik und Elektronik für Schiffsmodellbauer“ von Helmut Harhaus und „U-Boot-Modelle ferngesteuert“ von Walter Füller (s. Literaturhinweise im Anhang). Es soll noch erwähnt werden, dass das Drehmoment an der Gewindespindel (7) den Kolben während des Hubes verdrehen würde. Also muss unbedingt ein Verdrehungsschutz vorgesehen werden. Zu diesem Zweck wurde im Abstand von 40 mm parallel zur Kolbenstange (3) ein 5 mm dicker Rundstab aus Messing zwischen Kolbendeckel (6) und Lagerschild (9) fest eingebaut. Dieser Führungsstab ist hier nicht eingezeichnet, aber der Hebel (14) ist konstruktiv so ausgebildet, dass er mit einem Langloch auf dem Führungsstab läuft und somit als Verdrehungsschutz wirkt.

## Zentralsektion

Bei den Entwurfsarbeiten sind Zentrale und Zentralsektion eigentlich als Einheit zu betrachten und kaum zu trennen. Nur um das Beschriebene etwas übersichtlicher zu gestalten, habe ich die Aufteilung in zwei Abschnitte vorgenommen.

Beim Entwurf der Zentralbaugruppe geht es nicht nur um die Symmetrie der waagerechten Gewichtsverteilung, sondern auch um die vertikale Gewichtsanordnung. Im Abschnitt zur Lagestabilität wurde dargelegt, dass es von großer Bedeutung ist, den Gewichtsschwerpunkt durch Anordnung der Einzelgewichte so zu beeinflussen, dass er unter dem Auftriebsschwerpunkt liegt. Mit dem Auftriebsschwerpunkt ist es hier eine einfache Sache. Die Zentralsektion ist, soweit man Oberdeck, Turm usw. noch unberücksichtigt lässt, als wasserverdrängender Körper ein geschlossener Zylinder. Damit liegt, wie bereits festgestellt, der Auftriebsschwerpunkt in seiner geometrischen bzw. stereometrischen Mitte fest. In der Abbildung „Gewichtsschwerpunkt der Zentralsektion“ ist dieser Auftriebsschwerpunkt mit dem Gewichtspunkt des Einzelteils Zylinder (G6) deckungsgleich. Nach dieser Abbildung ist die so wichtige metazentrische Höhe gleich der Differenz (H6) minus (HGS). Mit (G2) ist das Gewicht von Tankmotor sowie Getriebe gekennzeichnet und mit (H2) seine Höhe über Basis. (G4) und (G9) sind die Gewichtsmittelpunkte der Akkus, (G10) der des Antriebsmotors und (G11) der von beiden Servos. (G3) und (G8) sind die Gewichtsmittelpunkte der vorderen und hinteren Elektronikbaugruppen. Diese wurden vorab gebaut und gewogen, um hier Berücksichtigung zu finden. Ihre Höhen über Basis (H3) und (H8) wurden dann der Zeichnung entnommen. Natürlich soll man nicht päpstlicher sein als der Papst. Es kommt nicht auf jeden Millimeter und nicht auf jedes Gramm an, denn man kann nicht für jedes Bauteil bis hin zur letzten Schraube alles bis ins Kleinste erfassen. Bestimmte Einzelteilan-

**Zentralsektion im Rohbau ohne Freibord- und Decksaufbau**

häufungen bzw. deren Gewichtskonzentrationen können grob zusammengefasst und berücksichtigt werden. Zumindest sollte nicht alles dem Zufall überlassen bleiben. Es ist ein Muss, die Lage des Gewichtsschwerpunktes (GS) wenigstens annähernd zu kennen.

Die vorne gezeigte Abbildung stellt nur ein prinzipielles Anwendungsbeispiel dar, um zu demonstrieren, wie der Gewichtsschwerpunkt und die metazentrische Höhe vor Baubeginn zielorientiert beeinflusst werden können. Es gibt kein Einheitsschema für U-Boot-Modelle. Bei jeder Modellkonzeption wird eine etwas andere Situation auftreten. Zur angewendeten Ermittlungs- und Berechnungsmethode verweise ich auf das Buch „Technik der U-Boot-Modelle" von Norbert Brüggen. Ich glaube, dass der Zusammenhang durch die Abbildungen deutlich wird und sich der Leser mithilfe des Konstruktionsschemas der Zentralsektion und des Gewichtsschwerpunktes der Zentralsektion leicht zurechtfindet. Der Vergleich beider Abbildungen macht deutlich, dass zur Errechnung des höhenbezogenen Gewichtsschwerpunktes, wie vorne erwähnt, die Kolbenposition im gefluteten Zustand dargestellt ist. Es wurden daher das Tankgewicht (G7) und das Kolbengewicht einschließlich Kolbenstange (G5) getrennt eingezeichnet. Die kleinen Trimmgewichte (G1 und G12) hatte ich anfänglich vorgesehen, sie sind aber später entfallen, weil sie in Bug- und Hecksektion besser untergebracht werden konnten und dort ohne Demontagearbeiten zugänglich sind. Nach angegebener Formel wurde eine metazentrische Höhe von 33 mm errechnet, was 16,5% der Gesamthöhe des Rumpfes entspricht. Natürlich ist später das praktische Ergebnis nicht so millimetergenau zu erkennen, wie es die theoretischen Betrachtungen zulassen, aber man ist sich einigermaßen sicher, wo der Schwerpunkt in etwa liegt. Dann ist es egal, ob die metazentrische Höhe 29 oder 33

**Zentralsektion mit Aufbaugerüst aus Aluminium**

mm beträgt, wichtig zu wissen ist, dass ein selbstaufrichtendes Moment ausreichender Größe tatsächlich wirken wird. Der große Vorzug dieser Konzeption bestand aber darin, dass mit der völlig frei durchfluteten Bug- und Hecksektion alle Variationsmöglichkeiten offen blieben, um Auftrieb- und Gewichtsschwerpunkt oder auch die metazentrische Höhe ohne jeden Umbau im Nachhinein verändern zu können. Vorwegnehmend kann hier gesagt werden, dass beim praktischen Austrimmen und Tauchen die hermetisch verschlossene Zentralsektion nicht mehr geöffnet werden musste. Die theoretischen Vorarbeiten hatten sich also als richtig erwiesen bzw. gelohnt. Eigentlich konnte erst jetzt die endgültige Länge der Zentralsektion festgelegt werden, was wir hier jedoch bereits im Abschnitt „Konstruktionsentwurf" zum Zwecke besserer Erläuterung vorweggenommen haben. Das inzwischen ermittelte Gesamtgewicht der Zentralsektion machte mit 23 kg einen Auftrieb von mindestens 23,5 kg notwendig. Nur 0,5 kg Restauftrieb mögen dem Leser zu gering erscheinen, aber der größere Teil der Tauchtankkapazität sollte unter Ausnutzung der Variationsmöglichkeiten in Bug- und Hecksektion verbraten werden. Also wurde aus 23,5 kg Auftrieb und 200 mm Zylinderdurchmesser eine notwendige Zylinderlänge von 748 mm errechnet. Davon gingen zweimal 10 mm für die überstehenden Zylinderdeckel (17) und (22) ab, sodass sich eine Rohrlänge von 728 mm ergab. Nun erhob sich die Frage nach einem geeigneten industriell gefertigten Rohr. Der Wasserdruck, der auf die errechnete Zylindergröße einwirkt, ist erheblich. Im Abschnitt „Zur Druckfestigkeit" haben wir festgestellt, dass in 1 m Tiefe 0,1 kg/cm² Druck auftritt. Also muss zunächst errechnet werden, wie viele Quadratzentimeter Oberfläche die hier behandelte Zentralsektion hat:

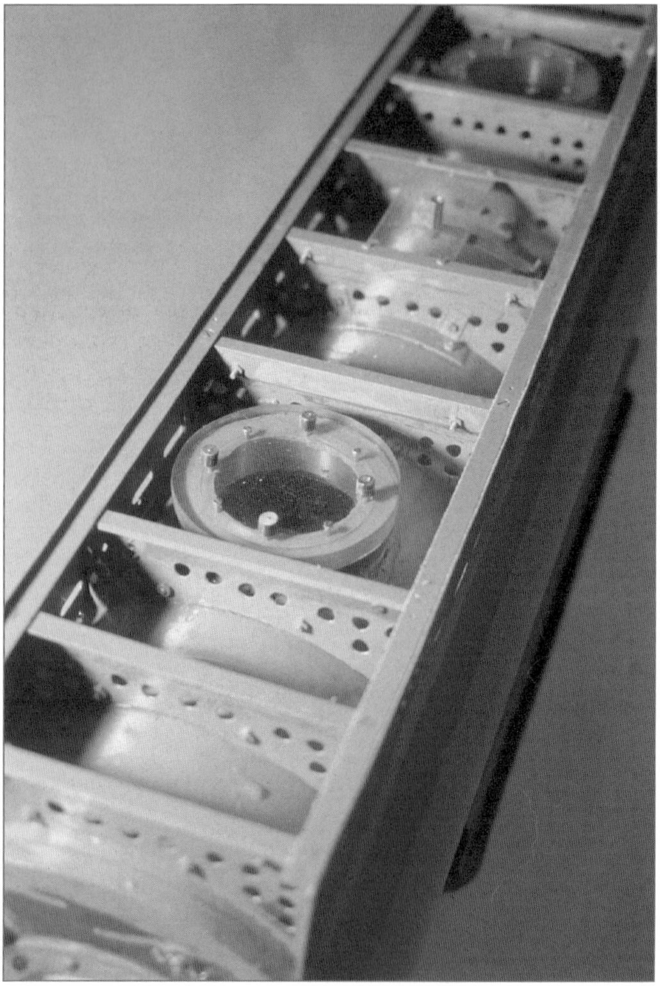

**Zentralsektion mit Freibordanbau und aufgeschraubten Lukendeckeln**

• für die Deckelflächen des Zylinders:

$$\frac{D^2 \cdot \pi \cdot 2}{4} = 628\text{cm}^2$$

• für die Außenfläche oder Mantelfläche des Zylinders: $D \cdot \pi \cdot L = 4.572\text{cm}^2$

Die zylinderförmige Zentralsektion hat also die stattliche Oberfläche von 5.200 cm² und ist in 1 m Tiefe einem allseitigen Gesamtdruck von 520 kg ausgesetzt. Schon bei 2 m Tiefe erhöht sich der Druck auf 1.040 kg und bei 3 m sogar auf 1.560 kg. Das sind doch ganz erstaunliche Werte und daraus wird verständlich, dass ich die beschriebene Tauchtiefenbegrenzung zunächst auf nur 0,9 m bezogen auf Modellmitte eingestellt habe. Die Entscheidung fiel letztlich auf das so genannte KG-Rohr. Diese braun-orangefarbenen Kunststoffrohre werden in verschiedenen Durchmessern für die Abwasserkanalisation benutzt und halten relativ hohe Drücke aus. Zum Glück war mein Solldurchmesser von 200 mm in der handelsüblichen Baureihe enthalten. Das Rohr kaufte ich im Baumarkt, es hat bei diesem Durchmesser eine Wandstärke von 6 mm. Die Teile (5), (6) und (9) wurden im Außendurchmesser so bemessen, dass sie leicht gleitend genau in das Rohr passen. Sie geben einerseits der Zentralbaugruppe eine Einschubführung und andererseits stützen sie spantähnlich das Rohr zusätzlich von innen ab. Die Zentralsektion ist derart stabil geworden, dass man sich bedenkenlos auf sie stellen kann, ohne dabei etwas zu deformieren. Natürlich findet eine solche einseitige Belastung in der Praxis nie statt. Der allseitig gleich starke Druck von außen bewirkt gerade beim kreisförmigen Zylinder eine günstige Gegendruckverteilung im Wandquerschnitt. Weitere Details werden in der späteren Baubeschreibung mit behandelt.

## Bug- und Hecksektion

Diese Sektionen wurden zunächst losgelöst von den Auftriebs- und Gewichtsbetrachtungen der Zentralsektion entworfen. Wie bereits mehrfach erwähnt, sind sie nach allen Seiten offen, auf ganzer Länge frei durchflutet konzipiert. Bei genauer Betrachtung handelt es sich eigentlich nur um Attrappen für das Erschei-

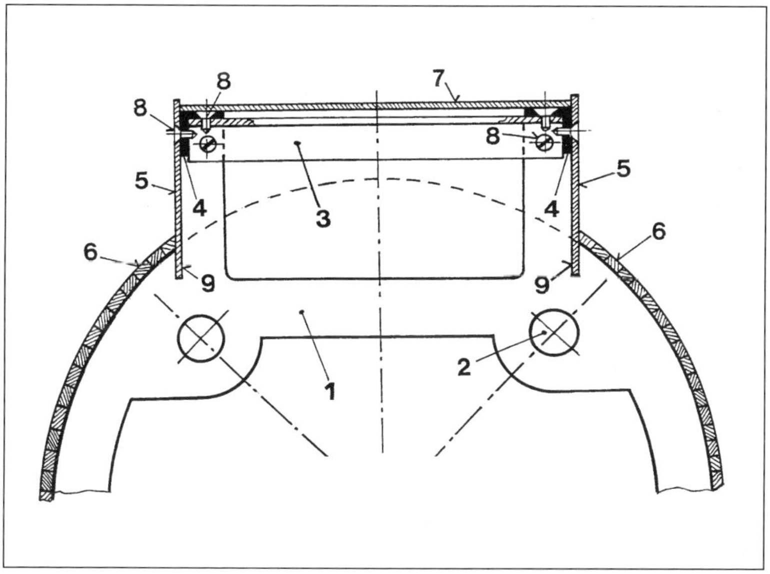


**Konstruktionsprinzip für Bug- und Hecksektion**

nungsbild U-Boot. Nimmt man von diesen Baugruppen die aus Alublech bestehenden oberen Laufdecks ab, so sind von oben die gesamten Innenräume dieser Sektion zugänglich. Das sonst in Wasserlinienhöhe übliche Hauptdeck wurde bei dieser Konstruktion überhaupt nicht vorgesehen. Die Abbildung „Auftriebsschwerpunkt des kompletten Modells" zeigt z.B. nur die summierten Auftriebspunkte dieser Sektionen (A1 und A9). Die eingezeichneten Trimmgewichte (TG1 und TG2) sowie die Trimmauftriebe (A2 und A8) sind als variable Größen gedacht, die beim Austrimmen des Modells sowohl in ihrer Anordnung als auch in ihrer Größe geändert werden können. Diese Lösung hat sich später als außerordentlich vorteilhaft erwiesen.

Es wurden also keinerlei feste Hohlräume konzipiert. Die Druckfestigkeit spielte somit auch nicht die Rolle wie bei der Zentralsektion. Unten, neben der Kielleiste, sind beiderseits Lochreihen angeordnet, durch die das Wasser ungehindert ein- und austreten kann. Die Abbildung „Konstruktionsprinzip für Bug- und Hecksektion" zeigt das Aufbaubeispiel für das obere Laufdeck (7). Die Bohrungen (2) dienen der Verschraubung mit den Gewindestangen der Zentralsektion. Auf dieser Skizze nicht gezeichnet sind die Taschen für die Hauptmuttern der Zentralsektion, in anderen Abbildungen sind diese aber deutlich zu erkennen. Besonders zu erwähnen sind die Schlitze (9), die mit 0,8 mm Breite in den Spant (1) und natürlich in alle anderen Spanten eingesägt werden müssen. Dies ist der Übergangsbereich vom Holzrumpf zum Aluminiumaufbau. Diese Lösung hat sich später in der Praxis hervorragend realisieren lassen. Damit wurde nicht nur eine lagegenaue, sondern, verspachtelt, verschliffen und mit Glasseide überzogen, auch eine sehr stabile Verbindung hergestellt.

Auf eine konstruktive Lagebestimmung der drei Torpedorohre der Bugsektion sowie der Lagerstellen für Antriebs- und Ruderwellen in der Hecksektion wird an dieser Stelle verzichtet. Für den Praktiker ist dies im operativen Bauablauf leichter zu bewerkstelligen. Zu diesem Zweck war vorgesehen, die Spantskelette der Bug- und Hecksektion erst einmal aufzubauen, um sie dann unbeplankt zum Messen, Richten und Anprobieren zwischendurch mit der Zentralsektion zu verschrauben.

Ebenso verzichtete ich auf eine Vorausberechnung der Schwerpunkte für Auftrieb und Gewicht. Für spätere Beurteilung und Berücksichtigung wurden lediglich Wellen, Ruder, Kort-Düse, Propeller und Alublechteile gesondert gewogen. Die Auftriebe in Größe und Lage an der frei durchfluteten Bug- und Hecksektion rechnerisch zu ermitteln, schien mir eine allzu große Sisyphusarbeit zu sein. Viel einfacher ist in diesem Fall, das Objekt, das einen extrem komplizierten Körper darstellt, im Fertigzustand einfach zu wiegen und dies danach nach dem Prinzip der hydrostatischen Waage unter Wasser zu wiederholen.

Das archimedische Prinzip lehrt uns nicht nur, dass die vom Körper verdrängte Flüssigkeit so viel wiegt wie der Körper selbst, sondern dass der ins Wasser eingetauchte Körper entsprechend dieser Gesetzmäßigkeit um den Betrag des Auftriebs leichter wird. In der wassergefüllten Badewanne kann also die an eine Federwaage gehängte Bugsektion erst über Wasser und dann unter Wasser gewogen werden. Die ermittelte Gewichtsdifferenz entspricht dem Auftrieb dieser Baugruppe. Wird dabei der Aufhängepunkt experimentell so gewählt, dass die Sektion unter Wasser waagerecht hängt, kann dieser in Näherung als Schwerpunkt angesehen werden. Bei allen formkomplizierten Baugruppen wie z.B. Flak, Buggeschütz, Turmaufbau, Aluminiumdeck usw. verfuhr ich später ebenso.

In solchen Fällen, bei denen der Auftrieb größer ist als das Gewicht, scheitert diese Messmethode, weil das Objekt schwimmt, aber nicht untergeht. Dann kann man sich beispielsweise mit einem unten angehängten Bleigewicht mit 1 kg helfen. In diesem neuen Gewichtszustand wird wieder über und unter Wasser gewogen, um aber die effektive Wasserverdrängung festzustellen, müssen Gewicht und Wasserverdrängung des Zusatzgewichtes wieder abgezogen werden. Wie aus der Konzeptionsbeschreibung ersichtlich geworden ist, mussten die Spantenrisse für Bug- und Hecksektion neu erarbeitet werden. Wer das noch nie gemacht hat, hält es sicher für schwierig, denn in den Fachbüchern wird von den harmonisch verlaufenden Straklinien gesprochen, die mit Straklatten, Schnürboden usw. ermittelt werden. Für den Nichtschiffbauer bleibt das mehr oder weniger ein Buch mit sieben Siegeln, doch für den Zweck des Modellbauers ist ein eigener Spantenriss keine unerreichbare Sache.

Ausgangspunkt sind die Linienrisse des konzipierten Modells, das ist nichts anderes als die Konstruktionszeichnung seiner äußeren Form. Zunächst zeichnet man den Rumpf in Seitenansicht, Draufsicht und in Vorderansicht modellbezogen 1:1 auf. Dann legt man in der Seitenansicht parallel zur Basislinie z.B. acht in gleichen Abständen parallel verlaufende Wasserlinien fest und zeichnet sie ein. Das Gleiche geschieht in der Draufsicht, indem von der Mittellinie ausgehend in gleichen Abständen parallel die Längslinien eingezeichnet werden. Längslinien werden meist mit LL 1 bis LL 8 und Wasserlinien mit WL 1 bis WL 8 bezeichnet. Nun zeichnet man maßgerecht in Form senkrechter Striche die Spantlinien an den Standorten ein. Mit etwas räumlicher Vorstellungskraft können dann die Schnittpunkte des Linienrisses auf das vorbereitete Liniennetz übertragen werden. Es ist zu empfehlen, mit der Hauptdeckebene zu beginnen und dies dann mit dem breitesten Spant des Rumpfes fortzusetzen. Im Normalfall werden Spantenriss für Vor- und Achterschiff getrennt gezeichnet oder als Halbschnitte zusammengezeichnet. Beim hier vorliegenden Fall war das alles recht einfach, weil Bugsektion und Hecksektion ohnehin eigene Spantenrisse haben. Außerdem war es sehr vorteilhaft, dass ausgehend vom kreisrunden Zylinder der Zentralsektion jeweils der Spant 1 eine kreisrunde Form hat. Ein Deckssprung war ebenfalls nicht vorgesehen.

Am besten fängt man das Ganze mit Bleistift an, denn wer das zum ersten Mal macht, wird mehr radieren als zeichnen. Am fertigen Spantenriss muss man klar erkennen, dass die Übergänge bzw. Abstände von Spantkontur zu Spantkontur in harmonischer Veränderung verlaufen. Wenn man z.B. den Spantenriss zur Bugsektion betrachtet, so hat an der horizontalen Mittellinie der Spant 2 einen kleineren Abstand zum Spant 1 als der Spant 3 zum Spant 2 usw. Wenn angenommen der Spantabstand zwischen 5 und 4 kleiner wäre als der Abstand zwischen 3 und 4, dann würde später die Rumpfaußenhaut in diesem Bereich nicht strakend verlaufen. Solch ein Fehler wäre also mit Sicherheit erkennbar, ohne dass man ein großer Fachmann sein muss. Natürlich handelt es sich hier nur um die Außenkonturen der Spanten. Auf die Nutzung und Weiterverarbeitung des Spantenrisses wird bei der Beschreibung des Bauablaufes näher eingegangen.

# Der Bau von U 18

## Bau der Tankanlage

Bis hierher haben wir uns mit den Fragen zur Vorentscheidung, der Theorie und der Konstruktion behandelt, ab jetzt nimmt das Buch den Charakter eines Bauberichts an mit Ablauf, Fertigstellung, Ausrüstung und Erprobung. Dabei ist es der Tauchtank, der als Erstes gebaut werden muss, denn nach seinen Ist-Abmessungen richtet sich dann alles andere.

Über Art und Beschaffung des Pneumatikzylinders wurde bereits weiter vorne ausführlich gesprochen. Ich hatte mich für eine etwas größere Ausführung entschieden, die bei 125 mm Kolbendurchmesser und 195 mm Hub ein nutzbares Flutvolumen von 2,39 dm³ aufwies. Dieses Volumen ergab sich nach den Umbaumaßnahmen, vorher war es wegen der monströsen Zylinderköpfe kleiner. Der ausgewählte Zylinder war nämlich ein ziemlicher Brocken wegen seiner sehr hohen Druckleistung, die um weit mehr als das Hundertfache über dem lag, was für ein U-Boot-Modell notwendig gewesen wäre. Die erste Arbeit bestand also darin, diese gewaltige Baugruppe vollständig zu zerlegen. Dann wurden alle Einzelteile von Schmutz-, Fett- und Ölresten befreit, wobei sich zeigte, dass der Stahlzylinder innen poliert und in einem sehr guten Zustand war. Aber die Formen und Abmessungen der gro-

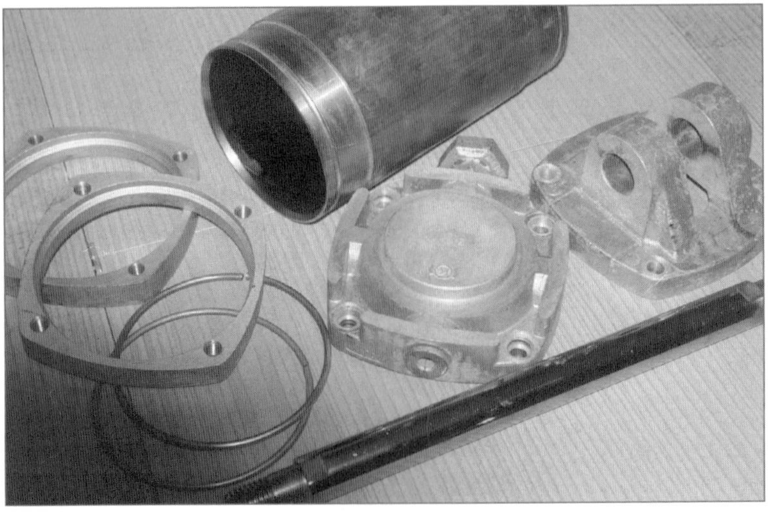

**Der ausgewählte Pneumatikzylinder wurde in seine Einzelteile zerlegt.**

ßen Zylinderkopfteile und deren Bohrungen für die Druckgegenlagerung schlossen sie von einer Wiederverwendung aus. Auch die Originalkolbenstange aus 30 mm dickem Rundstahl war zu groß und zu schwer, sodass sie aus dem eigentlichen Druckgusskolben herausgeschraubt wurde. Eine neue Aufgabe war im Prinzip nur dem Stahlzylinder und dem Kolben zugedacht und außerdem sollte die günstige Lösung der Spannringverschraubung für den Innenaufbau der Zentralbaugruppe genutzt werden.

Bei der folgenden Beschreibung beziehe ich mich nochmals auf das abgebildete Konstruktionsschema der Zentralsektion und deren Konstruktionsbeschreibung. Das Kupferrohr (3) stammt aus der Abfallkiste eines Installateurs, es wurde mit der Laubsäge auf genaue Länge gebracht und für spätere Lötarbeiten blank geschliffen. Der Kolben (2) als Einzelteil hatte infolge der herausgeschraubten Originalkolbenstange eine durchgehende Zentralbohrung mit 30 mm Durchmesser. Da nun ein Kupferrohr diese Öffnung nicht verschließen kann, war eine besondere Form der Messingbuchse (2a) nötig. Erstens musste sie innen den Außendurchmesser des Kupferrohres aufnehmen, zweitens einen abdichtenden Boden haben, drittens mit dem Außendurchmesser genau in den Kolben passen und viertens einen Flansch haben, mit dem eine feste Verschraubung mit dem Kolben möglich ist. Die Flanschverschraubung erfolgte mit vier M3-Schrauben. Die Buchse (2a) und das Kupferrohr (3) wurden miteinander verlötet und wegen der zu erwartenden Axialkräfte zusätzlich verstiftet. Vor dem Zusammenbau gab ich Silikondichtmasse zwischen Kolben (2) und Buchse (2a).

In die vordere Öffnung des als neue Kolbenstange wirkenden Kupferrohres (3) musste ebenfalls eine Buchse eingebaut werden. Sie wurde auch aus Messing gedreht, eingelötet und verstiftet. Diese Buchse hat ein M10-Innengewinde, damit die rotierende Gewindespindel (7) das Rohr (3) samt Kolben (2) herausziehen bzw. hineinschieben kann. Das Funktionsprinzip begründet sich eben in dieser Schraubbewegung, nur dreht sich hier nicht die Mutter, sondern die Schraube. Die benötigten Buchsen habe ich auf der Drehmaschine der Vereinswerkstatt hergestellt.

Die beiden neuen Zylinderdeckel (5) und (6) aus Hartgewebe wurden zunächst auf der vereinseigenen Bandsäge grob ausgesägt und dann auf der Drehmaschine so auf Außenmaß gebracht, dass sie mit einem leichten Gleitsitzes in das Hauptrohr (40) der Zentralsektion passen. Von den nun kreisrunden Scheiben sägte ich nun, um jeweils 90° versetzt, vier Kreisabschnitte ab, die jeweils ein Achtel des Umfangs ausmachen. Die Kolbentankbaugruppe wird dadurch nicht auf umlaufender Außenfläche der Zylinderdeckel im Hauptrohr geführt, sondern auf vier symmetrisch angeordneten Teilflächen. Der Hauptgrund für diese Maßnahme besteht darin, dass man später beim Einschub der kompletten Zentrale nicht an den im Hauptrohr (40) nach innen überstehenden Serviceluken (39) oder an den hier nicht gezeichneten Verschraubungen des Oberdeckaufbaus anstößt oder hängen bleibt.

In der Konstruktionsbeschreibung war von den so genannten Spannringen die Rede. In der Abbildung des zerlegten Originalzylinders sind links vom Stahlzylinder diese Spannringe und die zugehörigen Stahlringe zu erkennen. Die Spannringe (4) wurden nun von beiden Seiten auf den Zylinder (2) aufgeschoben und jeweils davor der Federstahlring (4a) mit etwas Vorspannung in die dafür vorgesehene Nut eingelegt.

Nun kamen die vorn genannten M10-Gewindestangen an die Reihe, die ich im Baumarkt gekauft hatte. Zusammen mit der M 10-Zugspindel benötigte ich insgesamt neun solche Gewindebolzen. Drei Stangen zu je 1 m Länge waren ausreichend. Die acht Montagegewindestangen (8) wurden mit je 20 mm Überlänge mit der Laubsäge zugesägt. Das Übermaß war zunächst notwendig, damit im Fertigzustand der Zentralsektion für die praktische Auftriebs-Gewichtsbilanz eine Längenvariati-

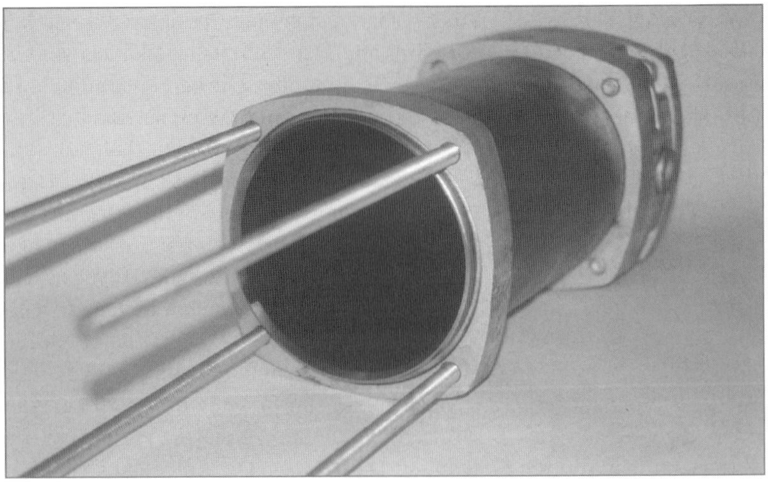

**Hier ist der vordere Spannring bereits mit den Gewindestangen versehen.**

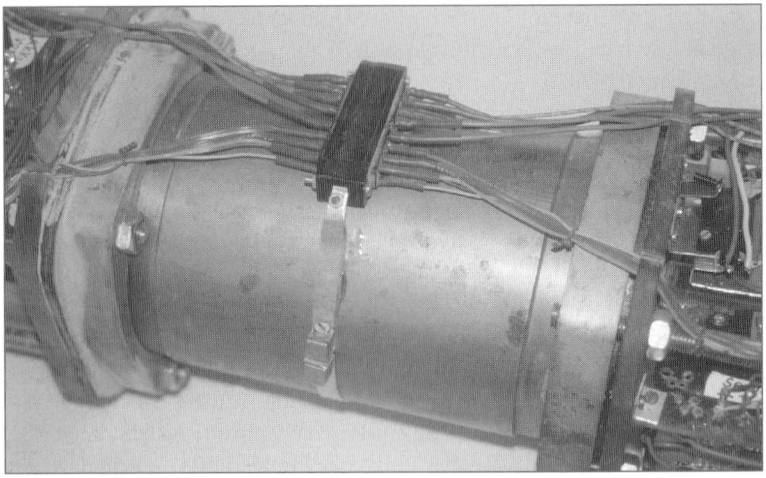

**Der komplette Tauchtank im Zentrum der Zentrale eingebaut**

on möglich ist. Man darf also nicht von vornherein ein zu enges Korsett anlegen, das später bei Bedarf nicht veränderbar ist.

Nun konnte mit dem Zusammenbau des Kolbentanks begonnen werden. Zuerst wurde der hintere Zylinderdeckel mit etwas Silikon und Gummidichtung auf den Zylinder aufgesetzt und dann mit Spannring (4), Gewindestangen (8) und Muttern (42) wasserdicht und druckfest verschraubt. Dann setzte ich die Originalkolbenringe wieder in die Kolbennuten, dabei handelt es sich um Spezialringe aus Gummi, die mit ihren Doppellippen umlaufend in der Kolbennut sitzen. Als nächstes Teil wurde der reichlich mit Pneumatikfett versehene Kolben (2) in den Zylinder (1) eingeschoben und dann der vordere Zylinderdeckel (6) aufgesetzt und wie hinten mit Spannring (4), Gewindestangen (8) und Muttern (42) verschraubt.

Dieser vordere Zylinderdeckel (6) hat keine Gummidichtung, sondern im Gegenteil eine Zentralbohrung mit sogar 40 mm Durchmesser für den Durchtritt der Kolbenstange (3). Die Kolbenstange (3) wird also in diesem Deckel (6) nicht geführt, ihr Durchtritt erfolgt berührungsfrei. Die radiale und axiale Führung erfolgt vorne am Gewindespindelansatz durch die Kugellager (11) und (10). Diese Lösung hat den Vorteil, dass Rundlaufungenauigkeiten im Bereich der Zugspindelmutter frei auslaufen können. Würde sich beispielsweise im Deckel (6) ein Gleitlager befinden, könnte es schon bei geringster Rundlaufabweichung zu Klemmerscheinungen zwischen Kolbenstange (3) und dem Lager des Deckels (6) kommen.

Durch die bereits vorne beschriebenen Antriebselemente (12) und (13) wird im Kolbenhub eine Kraft aufgebracht, die einem Lenzdruck von 16 kg entspricht.

Norbert Brüggen hat in seinem Buch darauf hingewiesen, dass es durch den Wasserdruck am Kolben ungewollte Selbstrückläufe der Gewindespindel geben könnte, sodass auf ausreichende Selbsthemmung geachtet werden muss. Bei der hier beschriebenen Lösung handelt es sich um normales metrisches Gewinde M10. Auf ein Spezialgewinde oder auf eine Kugelumlaufspindel, die sehr geringe Reibungsverluste hat, wurde verzichtet. Es kann festgestellt werden, dass es bei keinem meiner Modelle Anzeichen einer selbstdrehenden Rückbewegung gegeben hat. Die Selbsthemmung erfolgt offensichtlich durch die etwas höheren Reibungsverluste am metrischen Gewinde und vor allem durch die große Untersetzung im Getriebe.

Zusammen mit den acht langen Gewindestangen sah der Kolbentank zunächst noch etwas komisch aus, beim Aufbau der Zentrale weiß man aber den besonderen Vorteil zu schätzen.

## Aufbau der Zentrale

Aus dem vorangegangenen Abschnitt ist zu erkennen, dass der Aufbau des Tauchtanks eine geradezu ideale Lösung darstellt, denn er ist mit den acht Gewindestangen eine hervorragende Trägerbaugruppe für den kompletten Zentralaufbau. Ein externes, tragendes Montagechassis war also nicht nötig. Zunächst galt es, die beiden von Harhaus Modelltechnik bezogenen Akkus (41) Hagen-drysafe 12 V/ 7,2 Ah (Best.-Nr. S 0400939) einzubauen. Die metazentrische Höhe im Auge behaltend, sollten sie so tief wie möglich in dieser Baugruppe angeordnet werden. Ihre Abmessungen liegen so günstig, dass sie sich zwischen den unteren Gewindestangen (8) platzieren ließen. Es bot sich an, ein Trägerteil aus Aluminium zu schaffen, auf dem der Akku unverrückbar, aber in Längsrichtung justierbar flach aufliegt. Die Stirnseiten des Trägerteils sind nach oben abgewinkelt und beiderseits mit zwei Löchern versehen, die 10,5 mm Durchmesser haben. Der Abstand dieser Löcher ist so festgelegt, dass das Trägerteil samt Akku auf die beiden unteren Gewindestangen (8) aufgeschoben werden kann. Die Lage- und Verstellmöglichkeit in Längsrichtung erfolgt mit zwei M10-Muttern. Diese Trägerteile aus Aluminiumblech müssen in die Baugruppe eingesetzt werden, bevor man z.B. das Stütz- und Lagerschild (9) mit Motor (12) und Getriebe (13) montiert. Aus Gründen der besseren Übersichtlichkeit sind die Trägerteile hier nicht gezeichnet, in einer der Abbildungen aber gut zu erkennen.

Das Teil (17) stellt zwar den vorderen Deckel der komplettierten Zentralsektion dar, ist aber von der Zentrale nicht zu trennen. Hergestellt wurde dieser Deckel (17) wie auch die anderen Teile (5, 6 und 9) aus dem sehr stabilen und formbeständigen Hartgewebe. Mit 15 mm Gesamtdicke ist er so gestaltet, dass 6 mm der Dicke in das Hauptrohr (40) hineinragen und 10 mm auf der stirnseitigen Rohrwand aufliegen. In der Mitte des Deckels ist eine kreisrunde Öffnung für die Membran des Tauchtiefenbegrenzers eingearbeitet.

Aus dem Boden einer handelsüblichen Haushaltsdose aus Polyäthylen schnitt ich die Druckmembran (18) aus. Dann wurde aus Messingblech mit 1,5 mm Dicke ein 15 mm breiter Druckring hergestellt, zusammen mit Membran (18) und Deckel (17) gebohrt und mit M3-Schrauben und Silikon wasserdicht aufge-

**Vorderer Zylinderdeckel (17) mit Hebelarm (19) und Schalter (21)**

**Vorderer Zylinderdeckel (17) mit der Tiefendruckmembran (18) von außen gesehen**

schraubt. Um aber mit geringer Durchbiegung der Membran (18) einen größeren Betätigungsweg für den Schalter (21) zu bekommen, ist der lange Hebel (19) oben an der gegenüberliegenden Seite gelagert. Die Membran (18) erhält mit der Feder (20) eine einstellbare Vorspannung. Auf der Innenseite des Deckels (17) sind ganz unten, 1 mm über der Innenseite des Rohres (40) die zwei Fühler aus Messingblech für den vorderen Wassermelder angeschraubt. Außerdem befindet sich oberhalb des Drucksensors die Antennendurchführung von innen nach außen, von wo aus später eine leitende, aber trotzdem isolierte Verbindung zum Turmaufbau angelötet wird. Mitunter wird die Ansicht vertreten, dass es egal ist, wo oder wie am oder im U-Boot-Modell die Empfangsantenne verlegt sei, weil Wasser ohnehin leitet. Aus der

Sicht des Elektrotechnikers stimmt dies nicht ganz, daher will ich an dieser Stelle einen kleinen Abstecher zu den wichtigsten Merkmalen der Antennentechnik machen.

Der Eingangskreis eines Empfängers entspricht dem Wirkungsprinzip des offenen Schwingkreises. Die elektrische Öffnung nach oben ist die Antenne und als Öffnung nach unten wirkt die so genannte Masse als Gegengewicht Erde. Vom Sender aus gesehen ist der Sachverhalt der gleiche. Die von ihm abgestrahlten hochfrequenten elektromagnetischen Wellen verlaufen zwischen oben und unten bzw. bildlich gesehen zwischen Antenne und Erde. Sie bilden je nach Senderleistung in ihrer Reichweite ein elektromagnetisches Feld. Wird eine Empfangsantenne in diesem Bereich von den elektromagnetischen Wellen des Feldes geschnitten, wird in ihr eine hochfrequente elektrische Spannung induziert, die im Empfänger aufgenommen und weiter verarbeitet wird. Treffen die elektromagnetischen Wellen aber auf Wasser, so erfolgt eine Art Kurzschluss zur Erde. Die Leitfähigkeit des Wassers ist aber unterschiedlich, sodass ein Teil bzw. eine bestimmte Stärke in das Wasser eindringt, aber mit zunehmender Tiefe immer schwächer wird, bis eine völlige Absorption eintritt.

Treffen die elektromagnetischen Wellen auf das Salzwasser der Meere, werden sie bereits kurz unter der Wasseroberfläche vollständig absorbiert, dort ist bei einem halben Meter Tauchtiefe kein Funkkontakt mehr möglich. Im gechlorten Wasser eines Schwimmbades ist der elektrische Widerstand bereits so groß, dass die elektromagnetischen Wellen noch in 2–3 m Tiefe wirksam sein können. Und das so genannte Süßwasser unserer Teiche, Seen und Flüsse kann schon eine derart schlechte Leitfähigkeit haben, dass je nach seiner Zusammensetzung die elektromagnetischen Wellen 5–10 m tief eindringen. Natürlich wird ihre Wirksamkeit in zunehmender Tiefe immer schwächer, sodass dort unten die Empfangsantenne eine größere Rolle spielt als oben in unmittelbarer Nähe der Wasseroberfläche. Denkt man nun an unsere U-Boot-Fernsteuerung, so ist es logisch, dass die induzierte Antennenspannung in ausreichender Stärke zum Empfänger gelangt. Damit ist auch die wirksame Antennenlänge zu benennen. Aus einer wellenförmigen Verteilungskurve für Strom und Spannung in der Antenne, die hier nicht näher beschrieben werden muss, gewinnt die Wellenlänge unserer Sendefrequenz Bedeutung. Diese Beträgt für das 40-MHz-Band rund 7,5 m. Diese Wellenlänge, die mit Lambda (l) bezeichnet wird, hätte mit einer Antennenlänge l den größten Wirkungsgrad, aber eine 7,5 m lange Antenne ist bekanntlich nicht machbar. Man arbeitet daher in der Praxis mit

$$\frac{\lambda}{2} \text{ und mit } \frac{\lambda}{4}$$

sowie einem Verkürzungsfaktor, der sich aus der Antennenkapazität bzw. aus der Antennenoberfläche errechnet.

Diesen Effekt habe ich genutzt und den Kommandoturm selbst als Antenne verwendet. Dieses flächenhafte Gebilde hat sich in der Praxis als ausgezeichnete Empfangsantenne bewährt. Von der Unterseite des Turmes führt ein isoliertes Antennenkabel unter dem Aluminiumdeck zum Empfänger, denn es gilt, die im Turm induzierte Antennenspannung mit möglichst wenig Verlusten in den Empfänger zu führen. Der Turm steht elektrisch isoliert auf dem Aluminiumdeck, das zusammen mit allen anderen Masseteilen das so genannte Gegengewicht bildet. Läge beispielsweise die Antenne im Rumpf des Modells, dann würden sich Teile des elektrischen Gegengewichtes über ihr befinden und die induzierte Spannung wäre schon dicht unter der Wasseroberfläche wesentlich geringer. Und wenn die Antenne gar von Teilen der Masse ganz umgeben wäre, käme dies einer elektromagnetischen Abschirmung gleich. In diesem Fall würde keine elektrische Spannung in der Antenne induziert. Nun aber wieder zurück zum Zylinderdeckel (17). Für den Schalter des Drucksensors, für die

**Hinterer Zylinderdeckel (22) mit Sieb (33) und Einlaufstutzen (30), Wellendurchführungen (23) sowie die Kupplungen für Seitenruder, Tiefenruder und Propellerwelle**

**Lagerschild für den Kolbenantrieb (9) mit Motor und Getriebe (12) sowie Spindelzahnrädern (13)**

Fühler des vorderen Wassermelders und für das Antennenkabel sind insgesamt fünf Leitungen notwendig. Aus der Abbildung „Konstruktionsschema der Zentralsektion" und den bisherigen Darlegungen ist jedoch zu ersehen, dass zuerst die komplette Zentralbaugruppe zusammen mit dem anmontierten Zylinderdeckel (22) von achtern in das Hauptrohr (40) eingeschoben werden muss. Erst dann kann man von vorne den Deckel (17) aufsetzen. Das bedeutet, dass die fünf Leitungen einen fünfpoligen Stecker und die Zentrale vorne über dem Getriebe eine fünfpolige Buchse erhalten müssen. Es bot sich an, einen fünfpoligen Diodenstecker mit zugehöriger Einbaubuchse zu verwenden, damit ist beim Zusammenstecken eine ungewollte Falschpolung unmöglich.

Im Gegensatz zum vorderen Zylinderdeckel (17) kann der hintere (22) mit der Zentrale vorab fest verschraubt werden. Damit ergab sich die Möglichkeit, die Antriebseinheit Motor (24), Seitenservo (25), Tiefenservo (26),

**Zylinderdeckel (17) vor Lagerschild (9) aufgesetzt. Die Zahnräder (13) sind wegen der Leitungen von Schalter und Wassermelder abgedeckt.**

**Zentrale, unfertig verdrahtet; auf dem Tauchtank der Steckverbinder für Servicearbeiten**

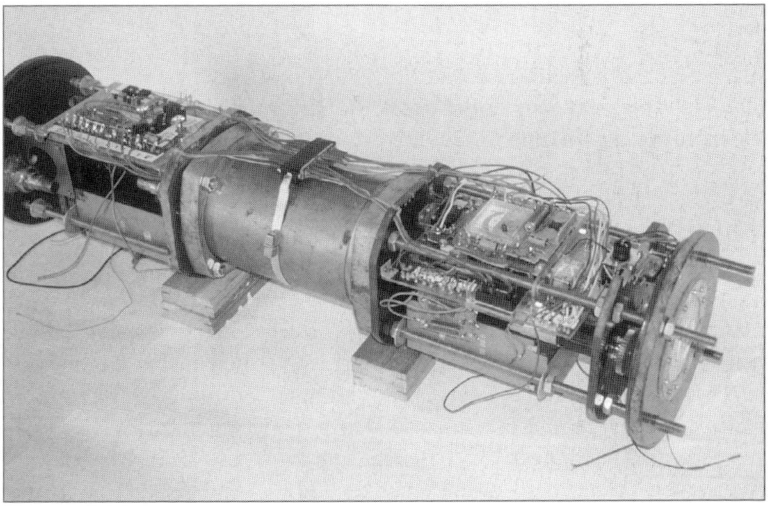

Wellenrohre (23) und die Kupplungen (27) und (28) zu einer funktionssicheren und justierbaren Baugruppe zusammenzufassen. Der Motor (24) und die Servos (25) und (26) sind auf einem gemeinsamen Chassiswinkel vormontiert und fest mit dem Zylinderdeckel (22) verschraubt. Die drei Wellenrohre, handelsüblich mit eingebauten Lippringen, sind für U-Boot-Modelle geeignet und wurden von Harhaus Modelltechnik bezogen. Sie mussten aber auf 7 cm Länge gekürzt werden. Zu erwähnen ist noch der Ein- und Auslass für das Tauchtankwasser. Buchse (30) und Verschraubung (32) sind im Tauchtankdeckel (5) eingeharzt, ebenso wurde beim Zylinderdeckel (22) verfahren. Das Besondere daran ist der Axialversatz beider Verschraubungen. Ein starres Wasserrohr ließ sich hier nicht einsetzen, weil der Abstand zwischen den beiden Deckeln (5) und (22) nicht exakt definierbar ist. Zum Abdichten der Zentralsektion werden nämlich beide Deckel mit dem Gummi dazwischen mit den

**Man sieht hier das Messingchassis für Motor und Servos, den Akkuträger aus Aluminiumblech sowie die flexible Schlauchverbindung zum Tauchtank.**

M10-Muttern gegeneinander gepresst, sodass es zwischen den Deckeln immer eine undefinierbare Abstandsdifferenz geben kann, die man mit einer starren Rohrverbindung nicht beherrschen kann. Also wurde ein Stück druckfester Gartenschlauch (31) eingesetzt und mit handelsüblichen Schlauchschellen auf den Stutzen der Verschraubungen (32) befestigt. Durch den axialen Versatz der Verschraubungen (32) verläuft der Schlauch (31) s-förmig und gleicht so jede Längendifferenz aus. Der Wasserein- und -auslauf erfolgt in der frei durchfluteten Hecksektion. Mit der Hand von oben hineingreifend, lässt sich das Sieb (33) aufstecken bzw. abziehen. Alles in allem stellt die Zentrale eine funktionsgünstige Lösung dar.

## Elektrik

Es wurde schon erwähnt, dass zu Elektrik, Elektronik und Fernsteuerung in den Büchern von Helmut Harhaus und Walter Füller alles Notwendige steht, was der Einsteiger und auch der etwas fortgeschrittene Modellbauer braucht. Erfahrungsgemäß handelt es sich bei den Freunden unseres Hobbys oft mehr um Modellbauer als um Elektriker. Es gibt sogar solche, die das „Elektrische" lieber von anderen machen lassen, weil sie sich das selbst nicht zutrauen. Andererseits findet man auch manche, bei denen Elektrotechnik und Elektronik weit vor dem Modellbau stehen. Bei ihnen können ausgeklügelte und alles umfassende Elektroniksysteme zum Selbstzweck werden, und das eigentlich Modellbauerische ist nur Mittel zum Zweck bzw. notwendiges Übel.

Keines der Extreme muss falsch sein, aber beides beherrschen ist sicher am besten, oder wenigstens ein goldener Mittelweg. Denn was nutzt eine im höchsten Maß vollendet gebaute „Bismarck", wenn ihr Erbauer nicht weiß, wie Fahrtregler und Motor angeschlossen werden oder eine simple Zweikanalanlage zu installieren ist. Man muss ganz einfach wissen, worin sich Strom und Spannung unterscheiden, was ein zweipoliges Relais ist, wie ein Elektromotor entstört wird, was ein BEC-System ist usw.

In meiner Modellbautätigkeit galt schon immer das Grundprinzip, so einfach wie möglich und so aufwendig wie nötig zu bauen. Wahrscheinlich begründet sich dies aus der Tatsache, dass wir früher jahrzehntelang alles bis ins Kleinste selbst anfertigen mussten. Ob Servoelektronik, Spannungsstabilisierung oder gar komplette Empfänger und Dekoder, alles ist im Eigenbau entstanden. Ältere Leser, die sich erinnern, wie mit röhrenbestuckten Fernsteueranlagen und Anodenbatterie gearbeitet werden musste, wissen den Fortschritt wohl zu schätzen und einzuschätzen. Da ist es heute für den Modellbauer ein wahrer Segen, in den großen Katalogen zu blättern und die Bestellkarten auszufüllen. Aber wo Licht ist, da ist bekanntlich auch Schatten. Wenn immer alles fertig und vollendet erhältlich ist, fehlen beim Anwender mehr und mehr Fach- und Sachkunde. Ich habe selbst am Teich erlebt, dass Schiffmodelle mit vielen Servos, Kanalschaltern, Fahrtreglern, Nauticmodulen usw. aufs Modernste für viele Kommandoübertragungen ausgerüstet und zu 100% mit Steckverbindern unterflur verkabelt waren, was auch schön anzusehen war – als sich aber irgendwo ein Fehler oder eine Störung einstellte, standen die Kapitäne plötzlich im Dunkeln. Sie haben an ihrer Elektronik nichts gekannt und wussten erst recht nicht, wie sie funktioniert. Nach erfolgtem Hilferuf wollte ich mit Spannungs- und Strommessung die Ursache eingrenzen und orten. Dies ist nicht gelungen, weil es keinen einzigen offenen Messpunkt gab und nicht

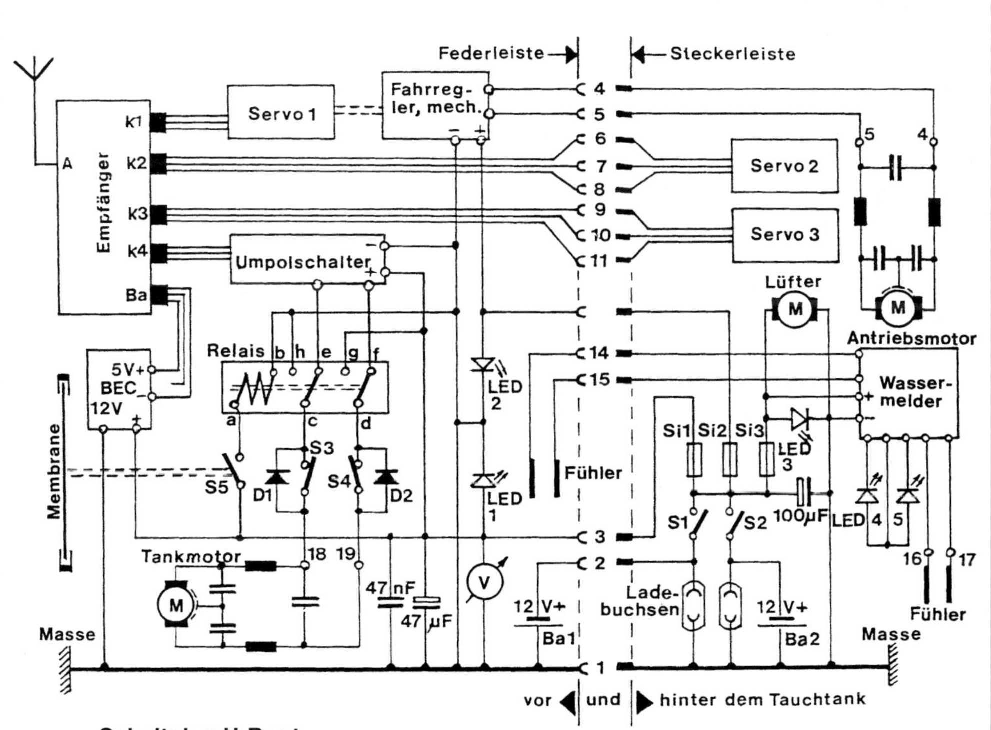


**Schaltplan U-Boot**

einmal die Batterieanschlüsse zugänglich waren. Selbst am Sicherungsschalter konnte keine Messung durchgeführt werden, weil es gar keine Sicherung gab.

Natürlich muss nicht jeder ein Elektronikfachmann sein. Der Benutzer muss auch nicht wissen, wie ein elektronischer Fahrtregler funktioniert, aber was mit ihm gemacht wird und wie man ihn anschließen muss, das sollte er wissen.

Auch wenn es die großen Elektronikfans vielleicht als simpel ansehen, will ich hier ein paar ganz einfach Grundsätze nennen:

• Erstens sollte sich der Modellbauer einen Übersichtsplan, ein Blockschaltbild oder besser noch einen Stromlaufplan erarbeiten. Auch wenn er sich dabei helfen lässt, lernt er, das elektrische Innenleben seines Modells zu verstehen.

• Zweitens zeichnet man alle Baugruppen, die mit einem eigenständigen elektronischen Innenleben ausgestattet sind, als so genannte Blackbox ein und kennzeichnet nur die Ein- und Ausgänge.

• Drittens werden alle Leitungen grundsätzlich waagerecht oder senkrecht eingezeichnet. Alle leitenden Verbindungen an Abzweigungen und Kreuzungen werden deutlich sichtbar mit einem schwarzen Punkt als symbolhafte Lötstelle gekennzeichnet. Damit besteht auch Eindeutigkeit zu kreuzenden Leitungen, die elektrisch voneinander isoliert sein müssen.

• Viertens kann der ungeübte Einsteiger alle Plusleitungen rot, alle Minusleitungen blau und alle anderen Leitungen grün oder gelb hinterlegen oder mit Textmarker kennzeichnen. Dies erhöht die Übersichtlichkeit sehr augenscheinlich. Es hat sich auch bewährt, den Aufbau eines Schaltplanes unten mit einer dickeren Minusschiene oder Masseschiene zu beginnen und gedanklich alle Minusanschlüsse auf Masse zu legen. Siehe dazu die Abbildung „Schaltplan U-Boot".

• Fünftens muss man wissen, dass gesteckte und geklemmte Verbindungen langfristig Störungsquellen darstellen. Überall dort, wo es sich anbietet, sollten gut zugängliche Lötverbindungen vorgesehen werden.

• Sechstens sollte grundsätzlich mit Elektronikqualität gelötet werden, d.h. mit Elektronikfadenzinn und Kolophonium. Lötfette und -säuren sind tödliche Gifte für elektrisch leitende Verbindungen. Durch sie werden Lötstellen langfristig zersetzt. Vor allem bei sehr niedrigen Strömen und Spannungen treten in der Lötstelle Übergangswiderstände und Unterbrechungen auf, ohne dass man es der Lötstelle von außen ansehen kann.

• Siebtens müssen die so genannten kalten Lötstellen vermieden werden, weil auch sie, nach kurzer oder erst nach langer Zeit, zur Unterbrechung der elektronischen Verbindung führen können. Um sie zu verhindern sind metallblanke Lötflächen und die tatsächlich fließende Zinnverbindung bei ausreichender Wärmezuführung Bedingung.

• Achtens ist es ratsam, bei der Installation im Modell die Löt- und Steckverbindungen so anzuordnen, dass sie für Reparaturen, Teilewechsel und Spannungsmessungen gut zugänglich sind. Dabei hat es sich bewährt, für Schaltplan und Modellinstallation die gleiche Nummerierung zu verwenden.

Die Abbildung zeigt einen solchen Schaltplan. Es ist allgemein üblich, oben links den Empfänger, oben rechts den Antriebsmotor und unten Batterien, Ladebuchsen, Sicherungen und Schalter einzuzeichnen. Alles andere wird gleichmäßig verteilt eingezeichnet und erst dann mit den Leitungsverbindungen begonnen. Zunächst eignet sich ein Bleistift am besten. Da kann man noch verändern und verschieben, bis alles passt und alles zusammen ein Schaltbild ergibt. Auch wer es noch nicht selbst gemacht hat, sollte es versuchen. Man lernt dabei, die Elektrik seines Modells zu verstehen.

Nun noch ein paar erwähnenswerte Einzelheiten zur Elektrik des beschriebenen U-Boots. Der selbst gebaute Doppelwassermelder hat unter dem hinteren Lukenfenster (39) zwei Blink-LEDs. Die Fühler sind jeweils am unteren Rand innen an den Deckeln (17) und (22) angebracht. Der Lüfter aus dem Computerteileregal ist im Modell seitlich neben dem Antriebsmotor (24) eingebaut. Er läuft im Dauerbetrieb und wälzt, am Tank vorbei, auch die vordere Luft mit um. Mit 110 mA ist er von den Batterien leicht zu verkraften. Der Tauchtankmotor wird über K4 vom elektronischen Umpolschalter auf „Fluten", „Halten" oder „Lenzen" geschaltet. Die vom Umpolschalter kommenden Motorzuleitungen (18) und (19) werden über das Ruhekontaktpaar des Relais c–e und d–f geführt und die 2-A-Dioden (D1) und (D2) überbrücken für die Rücklauffunktion die beiden Endschalter (S3) und (S4). Wenn das Modell die zulässige Tauchtiefe unterschreitet, biegt die Membran etwas durch und schließt den Schalter (S5). Somit fließt der Strom durch die Spule des Relais und dessen Anker zieht an. Damit werden die Kontaktverbindungen c–e und d–f unterbrochen, aber die Kontaktverbindung c–h und d–g geschlossen. Auf diese Weise wird der Tauchtankmotor plus-minus-orientiert direkt auf das Bordnetz, auf „Lenzen" geschaltet, bis der zu hohe Wasserdruck nachlässt und den Schalter (S5) wieder öffnet.

Wie aus dem Schaltplan zu ersehen ist, wurde ein mechanischer, also altmodischer Fahrtregler eingesetzt, der mit dem Servo 1 angetrieben wird. Elektronische Fahrtregler der hier benötigten Strombereiche reagieren nämlich sehr lastabhängig. Zu hohe Dauerlast, wie sie z.B. aufgewickelte Wasserpflanzen verursachen, führt in der Regel zu Selbstabschaltungen. Der Modellkommandant kann solche Vorkommnisse weder sehen noch beeinflussen, sodass ich mich mit einem robusten, mechanischen Fahrtregler sicherer fühle.

Natürlich kann man dies nicht auf die Spitze treiben, sondern muss seine Stromkreise elektrisch absichern. Nur eine Hauptsicherung zu haben wäre aber falsch. Würde diese z.B. durch den Blockierstrom des Antriebsmotors ansprechen, wären Empfänger, Tauchtankmotor und alles andere auch tot. Es bieten sich daher drei voneinander getrennt abgesicherte Stromkreise an: erstens für Empfänger, Umpolschalter, Relais und Zwangslenzung, zweitens für Antriebsmotor einschließlich Fahrtregler und drittens für alles andere. Die Sicherungswerte sollten höchstens mit 50% über dem zu erwartenden Betriebsstrom liegen.

Die Lukendeckel (39) sind durchsichtig. Unter ihnen, also von außen sichtbar, sind Voltmeter und alle LEDs angeordnet. Beide Akkus sind getrennt zuschaltbar. Beide Schalter liegen unter dem hinteren Lukendeckel (39). Dieser kann mit wenigen Handgriffen geöffnet bzw. geschlossen werden. Ebenfalls unter der hinteren Schraubluke befinden sich die Ladebuchsen (Bu1) und (Bu2), um die Akkus ohne Ausbau laden zu können. Aber Achtung: Akkus dürfen niemals im geschlossenen U-Boot-Modell geladen werden! Durch Überladung entstehendes Gas kann sich im Innenraum nämlich derart anreichern, dass schon ein Funke des Einschaltvorgangs zur Explosion führt. Dies gilt auch für die so genannten gasdichten und wartungsfreien Bleiakkus, die sowohl bei unkontrollierter Überladung als auch bei Defekten Gas abgeben können. Es ist also während und nach dem Laden für Belüftung und Luftaustausch zu sorgen. Beim hier beschriebenen Modell werden zu diesem Zweck vorne und achtern die Lukendeckel abgenommen. Diese Luken haben freie Öffnungen von jeweils 38 cm².

Obwohl ich mit automatischer Abschaltung bei Erreichung der Ladeschlussspannung arbeite, bleiben die Luken auch nach Abschluss des Ladevorgangs mindestens 24 Stunden offen und das Rumpfinnere wird sicherheitshalber noch durchgeblasen. Eine elegante Lösung besteht darin, auf die vordere Luke einen kleinen Computerlüfter flach aufzulegen und auch während des Ladens laufen zu lassen. Die auf diese Weise vorne eingeblasene Luft durchströmt den gesamten Innenraum und tritt durch die Achterluke wieder aus. Im Übrigen werden diese Luken erst dann geschlossen, wenn das Modell zum Einsatz kommt, ansonsten sind sie immer offen.

Weil sich der Tauchtank in der Mitte des druckfesten Bereiches befindet, ist alles andere vor bzw. hinter ihm angeordnet. Das gilt natürlich auch für die Elektrik, wobei vorderer und hinterer Bereich durch einen Steckverbinder gekoppelt sind, wie der Schaltplan zeigt. Dies ist notwendig, um bei Demontage- und Wartungsarbeiten die ganze Elektrik in dieser Ebene trennen zu können, ohne erst alles auseinander löten zu müssen. In einer Abbildung ist die konstruktive Lösung gut zu sehen. Um die Steckkontakte mit den zu erwartenden Strömen nicht zu überfordern, fiel die Wahl auf das sehr stabile Steckverbindersystem des Messgerätebaus. Der Bezug erfolgte von Conrad Electronic (Steckerleiste 20-polig, Best.-Nr. 740071-88, und Buchsenleiste 20-polig, Best.-Nr. 740080-88).

## Zentralsektion

Mit der Beschreibung der Zentrale wurde das wichtige Innenleben der Zentralsektion ausführlich vorgestellt, wenden wir uns nun also dem Äußeren zu. Als größtes Teil ist der Sektionsmantel, das KG-Rohr (40), zu nennen, das ich zuerst mit der Kreissäge auf Länge sägte, was trotz Längenanschlag freihändig nicht ganz einfach war. Daher mussten die Stirnflächen des Rohrmantels mit Schlichtfeile und Anschlagwinkel nachgearbeitet werden. Die gesamte Außenfläche überschliff ich dann mit Schmirgelpapier, damit der herstellungsbedingte Oberflächenglanz verschwindet. So haftet nicht nur der spätere Farbanstrich besser, sondern man kann auch mit Bleistift alles Nötige auf das Rohr zeichnen. Als Erstes zog ich mit Bleistift die obere Längsmittellinie und markierte die Standortlinien für die Oberdeckspanten, wie sie im Konstruktionsentwurf festgelegt waren. Die zwei runden Luken mussten nun so aufgezeichnet werden, dass sie vor bzw. hinter dem Turm, aber jeweils zwischen zwei Spanten liegen.

Bei den Luken ergaben sich unvorhergesehene Probleme. Man sollte meinen, dass es da nicht viel anders sei, als wenn man einen Deckel auf ein Marmeladenglas schraubt. Ich habe überall gesucht und in den Kaufhäusern viele Haushaltsdosen mit Schraubdeckel besichtigt, aber nichts wollte so richtig passen. Entweder war die Druckfestigkeit oder die Abdichtmöglichkeit fraglich. Eine Eigenfertigung scheiterte an den Möglichkeiten der Gewindeherstellung, denn dessen Durchmesser sollte wenig-

**Rohr der Zentralsektion mit Luken, Lukendeckeln und den Montagewinkeln für den Aufbau**

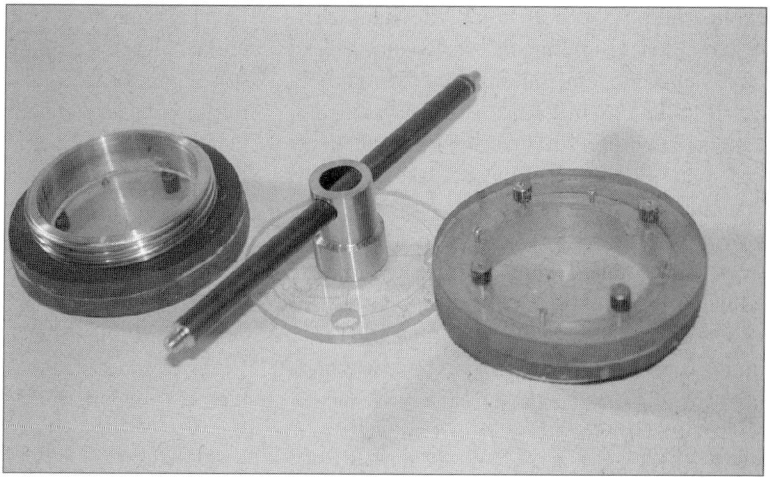

Zwei Lukendeckel und der spezielle Schlüssel, mit dem sie festgezogen werden

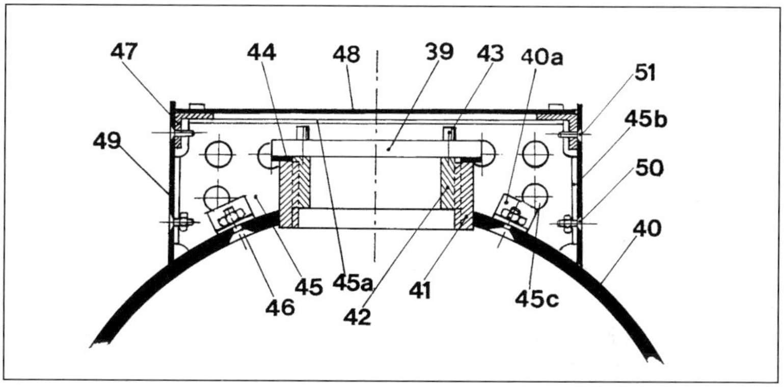


Teilschnitt der Zentralsektion für Luken- und Oberdeckenaufbau

stens 70 mm betragen. Wieder einmal kam mir der Zufall zu Hilfe. Es fand sich nämlich ein ausschraubbarer Tubus von einem alten Vergrößerungsapparat. Es mochte ein handgefertigtes, stabiles Gerät der Nachkriegszeit gewesen sein. Der Tubus hatte einen Gewindedurchmesser von 72 mm und 8 cm Länge. Der innere, herausschraubbare Teil war aus Aluminium gedreht und hatte ein Trapezgewinde mit 4 mm Steigung. Herz, was willst du mehr! Ich hatte eine hervorragende Lösung gefunden. Innen- und Außentubus wurden zweimal auf jeweils 4 cm Länge auseinander gesägt, sodass zwei Sätze Schraubluken entstanden. Die nachfolgende Beschreibung bezieht sich auf die Abbildung „Teilschnitt der Zentralsektion für Luken- und Oberdeckaufbau“. Die Außenringe (41) mit dem Innengewinde bestehen aus 6 mm dickem Schichtpressstoff und die Innenringe mit dem Außengewinde aus 5 mm dickem Aluminium. Die 8 mm dicken Lukendeckel (39) wurden aus Plexiglas hergestellt und mit Silikon sowie acht Verschraubungen mit M2 auf den Aluringen (42) wasserdicht befestigt. Vier von diesen Schraubköpfen sind gegenüberliegend als 10 mm hohe Zapfen (43) ausgelegt, mit denen der einschraubbare Lukendeckel (42 bis 49) festgezogen werden kann. Um ein sicheres und schnelles Öffnen und Schließen beim Fahrbetrieb am Teich zu gewährleisten, wurde eine spezielle Steckschlüsselvorrichtung gebaut, wie sie zusammen mit den beiden Deckeln im Foto zu sehen ist. Die Plexiglasscheiben sind etwas größer und stehen umlaufend 10 mm über, wo eine 6 mm dicke Gummidichtung (44) untergelegt ist.

Die Außenringe (41) dieser Verschraubungen sind mit Epoxydharz in das Hauptrohr (40) eingeklebt. Zu diesem Zweck galt es, die kreisrunden Durchbrüche in den Mantel des Rohres (40) einzuarbeiten. Ich habe dazu am Kreisumfang eine 3-mm-Bohrung an die andere gesetzt, die verbliebenen Stege aufgefräst und das Loch auf Maß gefeilt. Diese Methode ist zwar nicht sehr elegant, aber in Ermangelung besserer Möglichkeiten völlig ausreichend und erfolgreich. Die Abbildungen machen die Lösung und das Ergebnis gut sichtbar. Im oberen Laufdeck (48) befindet sich über dem Lukendeckel eine abnehmbare Platte, sodass sich die Luke leicht aus- und einschrauben lässt.

Der Oberdeckaufbau mit den Freibordteilen war nicht von vornherein klar. Das große Hauptrohr (40) sollte zu diesem Zweck nicht unnötig beansprucht oder durchbohrt werden. Also wurde der Bau wie folgt realisiert: Für jeden Oberdeckspant (45) schraubte ich zwei kleine Halte- bzw. Montagewinkel (40a) auf

**Die Zentralsektion ist in diesem Zustand voll funktionsfähig, dicht und auch tauchfähig.**

**Ein entscheidender Moment – die theoretischen Vorarbeiten wurden durch den praktischen Versuch voll bestätigt und als richtig erkannt.**

das Rohr (40). Die dafür notwendigen Löcher wurden exakt auf den Spantlinien angerissen, mit einem schlanken Stahlstichel vorgestochen und dann durch den Mantel des Rohres (40) gebohrt. Um innen keinen Überstand zu bekommen, sollten Senkkopfschrauben (46) verwendet werden. Da sich die notwendigen Lochsenkungen im Rohrinneren aber aus Platzgründen nicht maschinell vornehmen ließen, spannte ich einen 7-mm-Spiralbohrer in ein Handfutter und arbeitete die Senkungen von Hand ein. Dann erfolgte die Montage, wobei die Senkkopfschraube in Silikon getaucht, von innen durch das Loch gesteckt, der Winkel (40a) von außen aufgesetzt, ausgerichtet und mit einer Mutter festgezogen wurde. Dies wiederholte sich für alle Spantstandorte, sodass sich schließlich ein stabiles Fundament für den Oberdeckaufbau ergab.

Nun konnte auf der Grundlage der weiter vorn beschriebenen Seitenansicht und der zugehörigen Draufsicht die Kontur der Oberdeckspanten (45) erarbeitet werden. Es wurde zunächst eine Schablone aus Karton angefertigt, wobei die zum Anschrauben der Aluminiumprofile (47) und Freibordteile (49) vorgesehenen Abwinklungen (45a) und (45b) um jeweils 10 mm überstehen. Die Bohrungen (45c) dienen nur der Masse- bzw. Verdrängungsreduzierung und sind hinsichtlich Durchmesser und Anordnung nicht funktionsbestimmend. Die Oberdeckspanten (45) stellte ich aus 1 mm dickem Aluminiumblech her. Die zum Anschrauben auf dem Hauptrohr (40) notwendigen Löcher in den Spanten (45) wurden zunächst nur für den ersten und letzten Spant über Mitte genau angerissen, gekörnt und gebohrt und die Spanten an den Winkeln (40a) festgeschraubt.

Damit auch alle anderen Spanten später genau fluchten und die Freibordteile (49) keine Beulen bekommen, bot es sich an, zunächst die Winkelprofile aus Aluminium (47) jeweils am vorderen und hinteren Spant anzuschrauben. Nun war die Positionierung der übrigen Spanten eine einfache und sichere Sache. Der jeweilige Spant (45) wurde eingesetzt, zwischen die Profile (47) gestellt und unten an die Montagewinkel (40a) gedrückt. Mit Bleistift erfolgte die Lochmarkierung und der Spant konnte zum Bohren herausgenommen werden. Dann wurde er festgeschraubt und die Fluchtlinie stimmte genau.

Nachdem alle Spanten auf dem Hauptrohr (40) senkrecht standen, habe ich sie mit den Winkelprofilen (47) verbohrt und fest verschraubt. Die Verschraubung erfolgte von oben mit Senkkopfschrauben, denn die Schraubenköpfe durften nicht überstehen, damit die Oberdeckplatten (48) auf den Winkelprofilen (47) plan aufliegen.

In logischer Baufolge wären jetzt die Freibordteile (49) fällig. Aber es war günstiger, nun erst einmal die Oberdeckplatten herzustellen, weil ohne Freibordteile auf sehr einfache Weise eine Oberdeckschablone aus Karton hergestellt werden kann. Man legt ein Stück Karton auf das Spantgerüst und fährt von unten mit dem Bleistift an den Winkelprofilen entlang, markiert die Länge mit ein paar Millimeter Überstand, schneidet das Ganze aus und es passt. Natürlich besteht das Laufdeck der Zentralsektion nicht aus einem durchgehenden Stück, denn die Decksbereiche, die sich über den beiden Luken (39) befinden, sollten abnehmbar sein, ohne etwas anderes demontieren zu müssen. Trotzdem ist das Oberdeck bzw. Laufdeck (48) vorerst als ein Stück behandelt und nach der Schablone aus 1 mm dickem Aluminiumblech ausgesägt worden. Übrigens säge ich alle Aluminiumteile mit einer feinen Metalllaubsäge, denn durch den Schnittdruck der Hand- oder Tafelscheren findet immer eine quetschende Kantendeformierung statt, die der ebenen Fläche schadet.

Nach dem Sägen schliff ich das Blechteil mit feinem Schmirgelpapier diagonal über Kreuz, sodass man mit einem mittelharten Bleistift gut auf ihm zeichnen kann. Zunächst wurden die Standflächen für Kommandoturm, Kanone, Beschläge, Luken, Deckel und die Trennlinien aufgezeichnet. Als es dann an die vielen

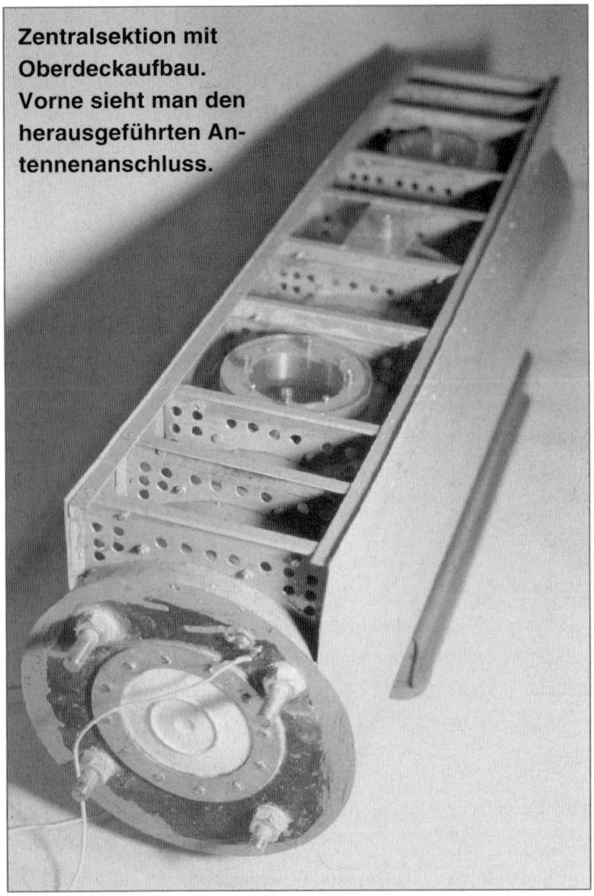
**Zentralsektion mit Oberdeckaufbau. Vorne sieht man den herausgeführten Antennenanschluss.**

212 ausgesägt und nachgearbeitet werden. Aber der Aufwand lohnt und garantiert ein schönes Erscheinungsbild.
Erst jetzt habe ich die Komplettplatte in die vorgesehenen Teile zersägt, die Kanten nachgefeilt, entgratet, aufgelegt, gebohrt und mit M2-Schrauben auf den Winkelprofilen festgeschraubt. Damit die Laufdeckplatten nicht überstehen und genau zwischen die Freibordplatten passen, wurden sie entlang der Winkelprofile mit einer Schlichtfeile bündig nachgearbeitet.
Nun konnten die Freibordteile (49) vorbereitet und angefertigt werden. Von der 1 mm dicken Aluminiumblechtafel wurden zwei Streifen abgesägt. Es war wichtig, zunächst für Länge und Breite je 10 mm Übermaß zu belassen. Diese Blechstreifen heftete ich dann mit Klammern seitlich an das Spantgerüst, um mit dem Bleistift an der Innenseite, auf dem Oberdeck (48) entlangfahrend, die endgültige Höhe anzuzeichnen. Dabei ist zu berücksichtigen, dass die Oberkante des Freibords das Oberdeck um 2 mm überragt, damit später in der Hauptansicht eventuelle Fugen- oder Schlitzbildungen verdeckt sind. Die notwendigen Bohrungen und Schlitze werden dann wie beim Oberdeck eingearbeitet. Die fertigen Freibordteile wurden unten mit den Senkkopfschrauben (50) an den Spanten (45) und oben mit den Senkkopfschrauben (51) an den Winkelprofilen (47) festgeschraubt. Die Schraubenköpfe mussten natürlich vor dem Lackieren zugespachtelt und überschliffen werden. Die Fugen zwischen Hauptrohr (40) und Freibordteilen (49) vergoss ich erst von außen und nach dem Aushärten von innen mit Epoxydharz. Beim Verschleifen der Außenansicht ent-

Schlitze ging, trat der Vorteil, dies alles im Ganzen zu sehen, deutlich zutage. Auf alle Fälle zeigte es sich, dass der Bleistift gegenüber der Reißnadel Vorzüge aufweist: Man kann radieren und ändern, hat aber am Schluss keine eingeritzten Linien, die nach der Lackierung sichtbar bleiben.
Geduldsarbeit war nun angesagt. Für jeden Oberdeckschlitz mussten zwei Löcher sauber angekörnt und mit 2 mm Durchmesser gebohrt werden. Nach dem Bohren sägte ich alle Schlitze mit der Handlaubsäge und fein verzahntem Laubsägeblatt, das für Metall geeignet ist, aus und arbeitete sie mit einer 1,8 mm dicken Rechteckfeile nach. Allein für das Laufdeck der Zentralsektion mussten 424 Löcher gebohrt und

stand hier ein kleiner Radius, sodass nach dem Lackieren von diesem Übergang zwischen Metall und Kunststoff nichts mehr zu sehen oder zu vermuten ist. Die in Längsrichtung überstehenden Oberdeck- und Freibordteile konnten erst später, nach Anpassung an die Bug- und Hecksektion, gekürzt werden. Die Zentralsektion war nun zunächst einmal mit diesem Arbeitsstand fertig und wurde vorerst ohne Lackierung belassen, auch die Oberdeckaufbauten und -ausrüstungen stellte ich bis zur Komplettierung zurück.

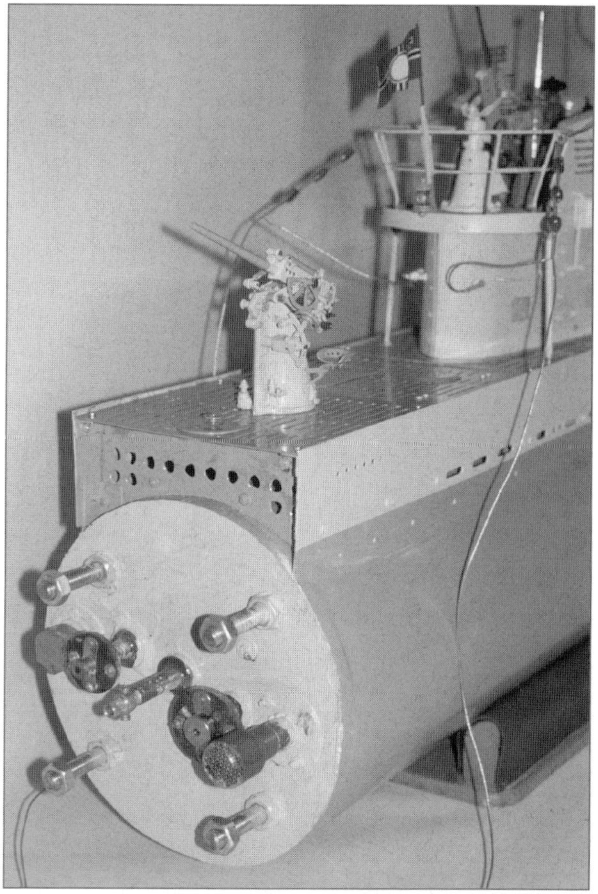

**Kleiner Vorgriff auf die fertige und voll ausgerüstete Zentralsektion. Bei der 3,7 cm Flak handelt es sich um die zweite Variante als C/30 U in U-Boot-Lafette C/39.**

## Bug- und Hecksektion

Hier beginnt eine ganz und gar andere Baumethode, als es bei der Zentralsektion der Fall war. Wie vorne angedeutet, entstanden Bug- und Hecksektion im Unterwasserbereich in der klassischen Holzbauweise, d.h., Spanten aus Sperrholz und Beplankung aus Holzleisten herstellen, mit Glasseide und Kunstharz beschichten, schleifen, spachteln, schleifen usw. Dieser Weg mag jungen Modellbauern altmodisch, wenn nicht gar schrecklich vorkommen. Für mich ist es aber seit Jahrzehnten die beste, einfachste und erfolgreichste Art, um einen Schiffsrumpf nach Bauplan zu bauen. Es sei nochmals betont, dass in Summe aller Arbeiten der Aufwand hierfür geringer ist, als einen GFK-Rumpf einschließlich aller Vorarbeiten selbst herzustellen. Für einen gekauften fertigen GFK-Rumpf, der der gewünschten Form und Abmessung entspricht, gilt das natürlich nicht. Mag sein, dass mein Urteil etwas einseitig auf meinen langjährigen Erfahrungen und den dabei erworbenen Fertigkeiten aufbaut, trotzdem muss auch der Einsteiger wegen vermeintlich zu großem Aufwand beim Holzbau nicht gleich zum GFK-Rumpf greifen. Wer es sich nicht zutraut, einen Holzrumpf zu bauen, der wird an den Schwierigkeiten auf dem Weg von der Zeichnung bis zum fertigen GFK-Rumpf erst recht scheitern. Selbstverständlich bezieht sich diese Feststellung auf die Tatsache, dass es sich in beiden Fällen immer nur um einen Prototyp ohne Duplikat handelt. Erst wenn mehrere Rümpfe des gleichen Typs gebraucht wer-

Nichts als klassischer Rumpfbau

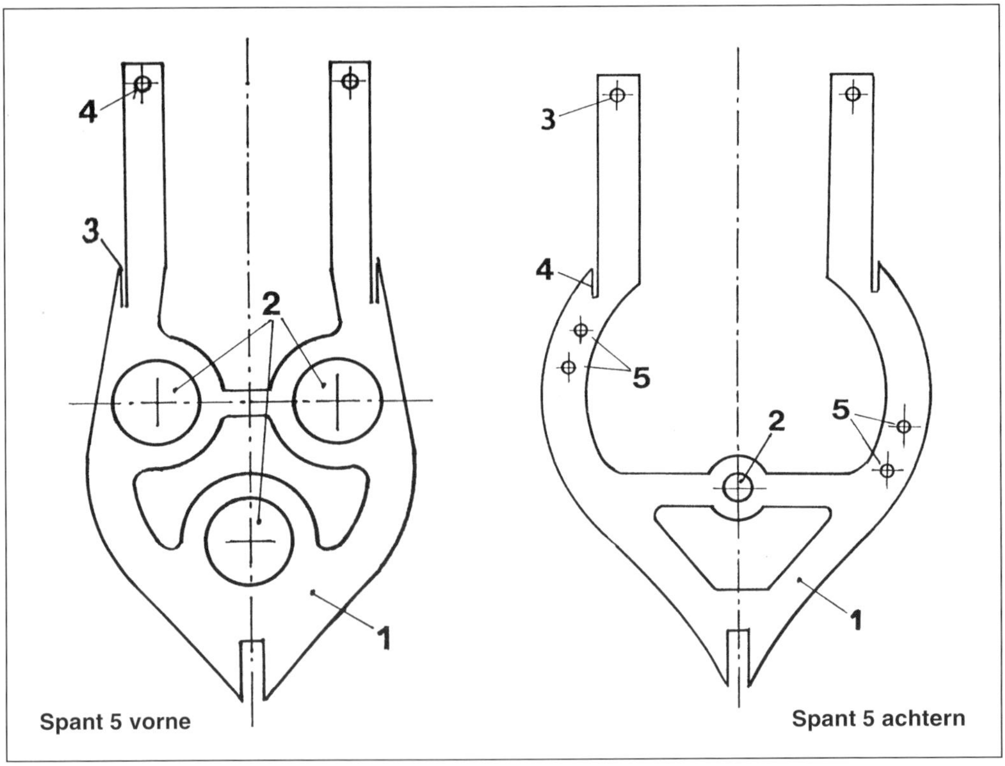

den, ist die GFK-Methode dem klassischen Holzbau vorzuziehen. Also zurück vom allgemeinen Diskurs zum konkreten Holzbau, den man gewohnheitsgemäß mit dem Spantenriss beginnt. Im Rahmen der Konstruktionsbeschreibung bin ich bereits näher auf die Spantenrisse der Bug- und Hecksektion eingegangen. In beiden Fällen sind acht Spanten notwendig, sodass zweimal acht Kopien gemacht werden mussten. Alle Kopien wurden durchnummeriert und zum Aufkleben auf Sperrholz vorbereitet. Da aber mit den Einzelkopien der Spantenrisse nur die jeweilige Außenkontur der Spanten gegeben war, galt es nun, für jeden Spant die gewünschte Innenkontur einzuzeichnen.

Vor allem für den Einsteiger ist es ratsam, auf jeder Kopie mit Rotstift die zutreffende Außenkontur nachzuzeichnen. Diese Maßnahme erhöht die Übersichtlichkeit, denn auf jeder Kopie ist ja der gesamte Spantenriss abgebildet und da kann es sonst schon mal zu Verwechslungen kommen. Nach der Rotkennzeichnung betrachtet man alle schwarzen Linien als nicht existent und beginnt nun, für jeden Spant die Innenkontur mit Rotstift einzuzeichnen. Dieser Vorgang ist im Übrigen bei allen Spantenrissen des Schiffsmodellbaus üblich und stellt hier keine Ausnahme oder etwas Neues dar.

Bei der Gestaltung der Innenkontur kommt es darauf an, von vornherein die inneren Einbauten zu berücksichtigen. Im konkreten Fall des U-Boot-Modells betrifft dies z.B. die Lage der Torpedorohre, die Bohrungen für die Gewindestangen der Zentralsektion, die Durchführungslöcher für die Antriebswelle, Befestigungen für Rudergestänge usw. Zur Verdeutlichung dient die Abbildung „Spant 5 vorne“. Dabei hat Spant (1) bei der Innenkontur die Lage der Torpedorohre (2) zu berücksichtigen. Die etwas filigrane Konturgebung wurde gewählt, weil die Bedingung der freien Durchflutung keine Schottbildung erlaubt. Mit (3) sind die Schlitze gekennzeichnet, in die später die Freibordbleche eingesteckt werden. Die Bohrungen (4) nehmen die Schrauben für die Querstreben des Aluminiumaufbaus auf. Mit der Abbildung „Spant 5 achtern“ wird ein Beispiel für die Innenkontur eines Spants der Hecksektion gezeigt. Mit (1) ist wieder der Spant selbst und mit (2) die Lagertraverse der Antriebswelle gekennzeichnet. Da auch die gesamte Hecksektion frei durchflutet ist, gibt es hier kein Wellenrohr, sondern drei Gleitlager, die im Spantskelett eingeschraubt bzw. eingeklebt sind. Die Antriebswelle und auch die Ruderwellen laufen frei im Wasser. Mit (4) sind die Schlitze für die Freibordbleche gekennzeichnet und mit (3) die Bohrungen für die Schrauben der Querstreben des Aluminiumaufbaus.

Der Aufbau des Spantskeletts erfolgt nach der klassischen Modellbaumethode kieloben. Nachdem alle Spanten ausgesägt sind, werden sie oben mit Winkelprofilen versehen, um sie dann kieloben, auf dem Kopf stehend, auf das Hellingbrett schrauben zu können. In die Winkelprofilstücke bohrt man je zwei Löcher mit 2,4 mm Durchmesser und schneidet M3-Gewinde ein. Das Hellingbrett besteht aus 15 mm dickem Sperrholz und erhält passend zu den Gewindelöchern genau über Mittellinie im vorgesehenen Spantabstand 3,2 mm große Bohrungen. Danach können die Spanten aufgestellt und festgeschraubt werden. Die Verschraubung erfolgt mit 20 mm langen M3-Schrauben, und zwar von unten. Das ist wichtig, weil sich der Rohbau nach der Beplankung nur dann von der Helling abnehmen lässt, wenn man die Schrauben von unten entfernen kann.

Wenn das Spantskelett steht, wird mit Schleifklotz und Straklatte ausgestrakt. Dies ist notwendig, um erstens den harmonischen Verlauf der Außenhaut und zweitens ausreichende Klebeflächen für die Beplankungsleisten zu gewährleisten. Ausführlich ist das in meinem Buch „Schiffsmodellbau nach Bauplan“ (s. Literaturhinweise im Anhang) beschrieben. Die Beplankung erfolgt mit dem gebräuchlichen Weißleim für Holzverklebung und Holzleisten mit 3 mm Dicke und 6 mm

▲
**Die Leistenbeplankung ist abgeschlossen, ab hier wird Aluminium eingesetzt.**

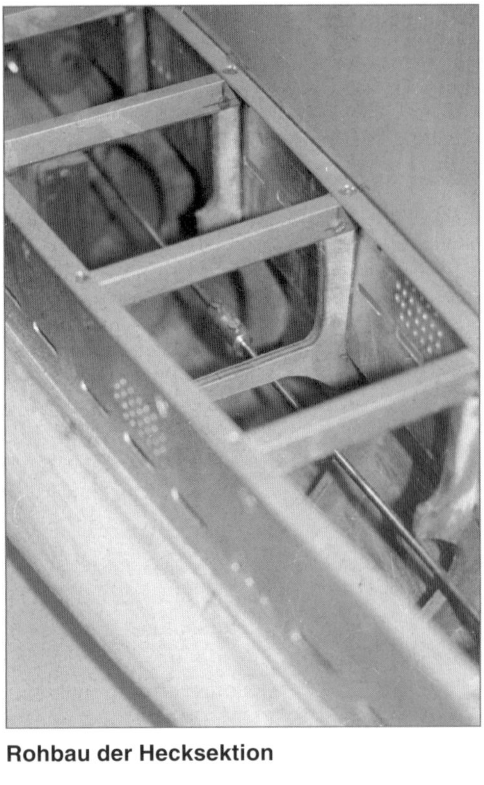

**Rohbau der Hecksektion**

Breite. Es ist wichtig, dass die Leisten nicht nur mit den Spanten, sondern auch miteinander verklebt werden, das ergibt eine hohe Festigkeit der gesamten Beplankung. Nachdem Spant und Leiste mit Leim bestrichen sind, wird die jeweilige Leiste mit Stahlstecknadeln auf den Spanten angeheftet und auf diese Weise Leiste an Leiste geheftet. Man darf aber nicht in einem Zuge eine ganze Rumpfseite beplanken. Dadurch entsteht eine einseitige Verspannung des Rumpfes, die sich später nicht mehr korrigieren lässt. Ich habe mir zu Eigen gemacht, im Wechsel immer fünf Leisten auf der einen und fünf Leisten auf der anderen Seite aufzukleben. Die Beplankung wird beiderseits bis zu den Schlitzen hochgezogen, in die später die Freibordbleche eingesteckt werden. Dann wird der Rohbau abgenommen und grob überschliffen, aber nicht gespachtelt. Es ist besser, den vorgeglätteten Rohbau am Schluss, vor der Beschichtung, von innen und außen mit Kunstharz zu versiegeln. Ab hier geht es so weiter, wie ich es beim Bau der Zentralsektion beschrieben habe. D.h., Aluminiumquer- und -längsprofile werden oben an den Spanten angeschraubt, dann stellt man mithilfe einer Kartonschablone die Oberdeckplatte aus Aluminiumblech mit all den Durchbrüchen, Bohrungen und Schlitzen her und schraubt sie auf. Ebenso werden die Freibordteile aus 1 mm dickem Aluminiumblech angefertigt und montiert, indem man sie mit einem kleinen Hammer in die Schlitze der Spanten einschlägt. Die Oberdeckaufbauten sind mit dieser Lösung sehr stabil geworden.

In der Abbildung „Konstruktionsprinzip für Bug- und Hecksektion“ ist das Beschriebene beispielhaft dargestellt. Mit (1) ist der Spant selbst, mit (2) die Durchgangslöcher für die Gewindestangen der Zentralsektion und mit (3) das Querprofil für den Oberdeckaufbau bezeichnet. Das Laufdeck (7) liegt oben beiderseits auf den Längsprofilen (4) auf, die Freibordteile (5) stecken in den Schlitzen (9) des Spants (1) und sind oben mit Senkschraube (8) am Profil (4) angeschraubt. Mit (6) ist die Holzbeplankung dargestellt.

Nach Fertigstellung der Bug- und Hecksektion habe ich alle Holzteile versiegelt und vorgestrichen. Dann kamen sie einzeln ins Wasser und wurden so ausgetrimmt, dass sie bei Einhaltung der Konstruktionswasserlinie schwimmfähig waren. Die Fotos zeigen diesen Vorabstapellauf sowie die einzelnen Bauetappen von der Beplankung bis zur Fertigstellung der Bug- und Hecksektion.

Der chronologische Ablauf des Baus verhielt sich allerdings nicht so wie hier zu lesen. Um diesen Sektionsbau in seinen drei Hauptetappen verständlich zu erläutern, wurde jede Sektion losgelöst voneinander beschrieben. In der Praxis geht dies natürlich nicht. Nachdem die Zentralsektion so weit aufgebaut war, dass eigentlich nur noch das druckfeste Hauptrohr

**Blick auf den Anschlussspant**

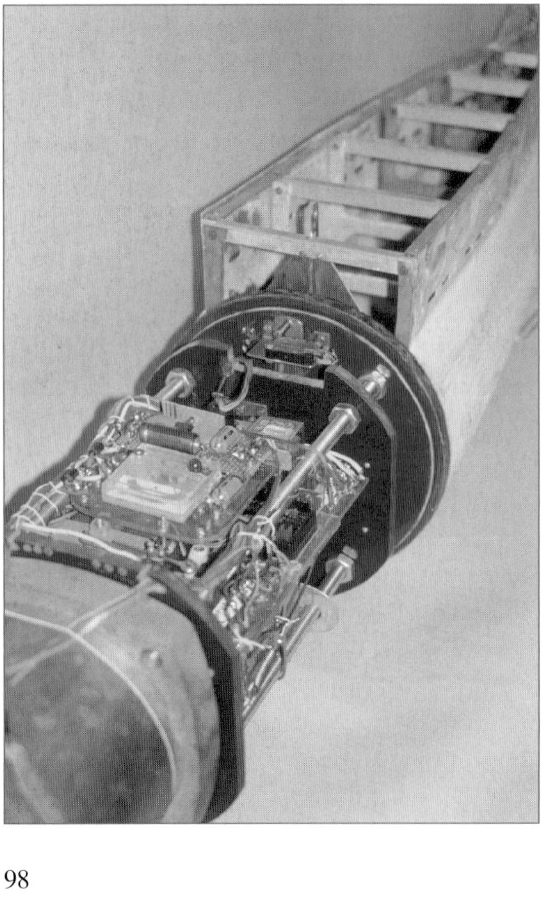

◀ **Anpassen der Bugsektion an die Zentralsektion**

mit dem Oberdeckaufbau fehlte, stellte ich die Arbeit zunächst ein und begann mit den Rohbauten für Bug- und Hecksektion. Dann nämlich ist die erste Anpassung der Sektionen untereinander erfolgt. Zwei Fotos machen das deutlich. Von da an erfolgte der Weiterbau aller drei Sektionen parallel, denn es konnte beispielsweise der Oberdeckaufbau für die Zentralsektion nicht losgelöst von den Oberdeckaufbauten der Bug- und Hecksektion bewältigt werden. Natürlich macht es etwas mehr Arbeit, die Sektionen immer wieder an- und abzuschrauben, aber die Verschraubungen sind von oben sehr gut zugänglich und die großen M10-Muttern lassen sich ohne Werkzeug von Hand anziehen und lösen. Diese kleine Mühe lohnt sich jedoch, denn es

▲
**Als alle Holzteile mit Epoxydharz versiegelt und vorgestrichen waren, wurden Bug- und Hecksektion grob ausgetrimmt.**

wäre ja sehr unschön, wenn man im Nachhinein feststellen müsste, dass zum Beispiel die Oberdeck- oder Freibordübergänge nicht bündig aneinander passen oder die Freibordoberkanten nicht fluchten. Die Abbildungen des fertigen Modells zeigen, dass die Sektionsübergänge für den Laien gar nicht sichtbar sind. Wenn man das Modell genau von oben betrachtet, könnte der geradlinige Verlauf der zylindrischen Zentralsektion als störend empfunden werden. Ich glaube, dass das Modell bei den Punktrichtern eines Naviga-Wettbewerbs nicht gut abschneiden würde, wozu sicherlich auch die nicht vorbildgetreue Artillerieausstattung beiträgt.

**Anpassen der Hecksektion an die Zentralsektion**

## Aufbau des Kommandoturms

An anderer Stelle habe ich bereits beklagt, dass Baupläne hinsichtlich der Detailvollständigkeit oft viel zu wünschen übrig lassen. Dies war beim Kommandoturm nicht anders, sondern eher noch schlimmer. Für diesen Typ-II-Turm hatte ich nämlich überhaupt keine Bauzeichnungen zur Verfügung. Dabei geht es hier nicht nur um das äußere Erscheinungsbild, sondern auch um den inneren Aufbau, um die Geräte und Zubehörausstattung der Brücke, um die Antennenbestückung und um die äußeren Details. Es blieb also auch hier nichts anderes übrig, als einen eigenen Konstruktionsentwurf bzw. eigene Werkstattskizzen zu erarbeiten. Natürlich musste ich nicht bei null anfangen, weil schon mit den Vorgängermodellen Erfahrungen gesammelt werden konnten. Als Grundlage für den Turmaufbau diente das Buch „Vom Original zum Modell: Uboottyp II, Die Einbäume" von Eberhard Rössler, wobei ich vor allem die Bilder der Schwarzmeerboote auswertete. Der Turm selbst, der Anbau für die nachgerüstete Flakplattform und das Brückendeck wurden aus 0,8 mm dickem Aluminiumblech aufgebaut. Außerdem war von vornherein klar, dass mehrheitlich mit Schraubverbindungen gearbeitet werden musste, weil sich Aluminium nicht weichlöten lässt. Einige Verbindungen erfolgten mit Epoxydharz, wobei ich tragende Teile zusätzlich verschraubte.

Entsprechend den Werkstattskizzen entstand im ersten Schritt eine Kartonschablone für den Turmmantel. Die Rundungen wurden mit einem Rundstab in Form gerollt, die achterliche Verbindungslasche vorgefalzt und der Mantel dann mit M2-Schrauben zusammengefügt. Als er so auf dem Tisch stand, kam mir die Idee, auch noch das Brückendeck, das zusammen mit der Flakplattform ein Teil bildet, einschließlich der Schraublaschen aus Karton herzustellen, in den Mantel einzupassen und zu verschrauben. Dies hat den Vorteil, die gewünschte Form in bewährter Bastelmethode durch Anproben und Änderung zu erarbeiten, ohne das wertvolle Aluminiumblech bis zur Unbrauchbarkeit zu verschneiden. Erst als alles passte, wurden die Verschraubungen gelöst und im nächsten Arbeitsgang die Bohrungen, Öffnungen und Schlitze in den gestreckten Mantel eingezeichnet.

„Nun bestand relative Sicherheit für den Erfolg des Turmbaus. Die Mantelschablone konnte jetzt einschließlich der Aufzeichnungen auf die Blechtafel übertragen werden. Alle Aluminiumteile sägte ich wieder mit der Laubsäge von Hand aus. Wie bereits zu den Oberdeck- und Freibordplatten erläutert, würde beim Schneiden an den Schnittkanten durch Oberflächenquetschung eine Kaltverformung verursacht, die zu einer kantennahen Verwerfung der ursprünglich ebenen Fläche führt. Solche Unschönheiten lassen sich im Nachhinein kaum noch beseitigen. Das Aussägen dauert zwar etwas länger, aber die erzielte Teilequalität ist ein sichtbarer Lohn.

Nachdem alles ausgesägt, gebohrt, nachgefeilt und entgratet ist, verfährt man ebenso mit Brückendeck und Flakplattform. Schließlich wird der Turmmantel in die gewünschte Form gebogen und an der Heckkante mit Senkkopfschrauben und Muttern der Größe M1,6 zusammengefügt. Natürlich darf das Blech nicht einfach über den Daumen gebogen werden, denn eine ungleiche Biegebelastung führt zwangsweise zu Knickerscheinungen. Man biegt also zunächst über einen etwas größeren zylinderförmigen Gegenstand, z.B. eine Lackfarbenbüchse, und in weiterer Abstufung über eine Bierflasche oder Ähnliches.

Die ursprünglich vorgesehene Verbindungslasche wurde weggelassen. Stattdessen habe ich einen exakt vorgebogenen Verbindungswinkel innen eingesetzt. Auf diese Weise war der Mantelschluss mit vorgegebener Form einfacher geworden.

Das Brückendeck dagegen hat umlaufend mehrere schmale Laschen, die nach unten gebogen sind, und unter der Flakplattform zwei eingesetzte Blechwinkel. Mantel und Decksplatte wurden ebenfalls mit Senkkopfschrau-

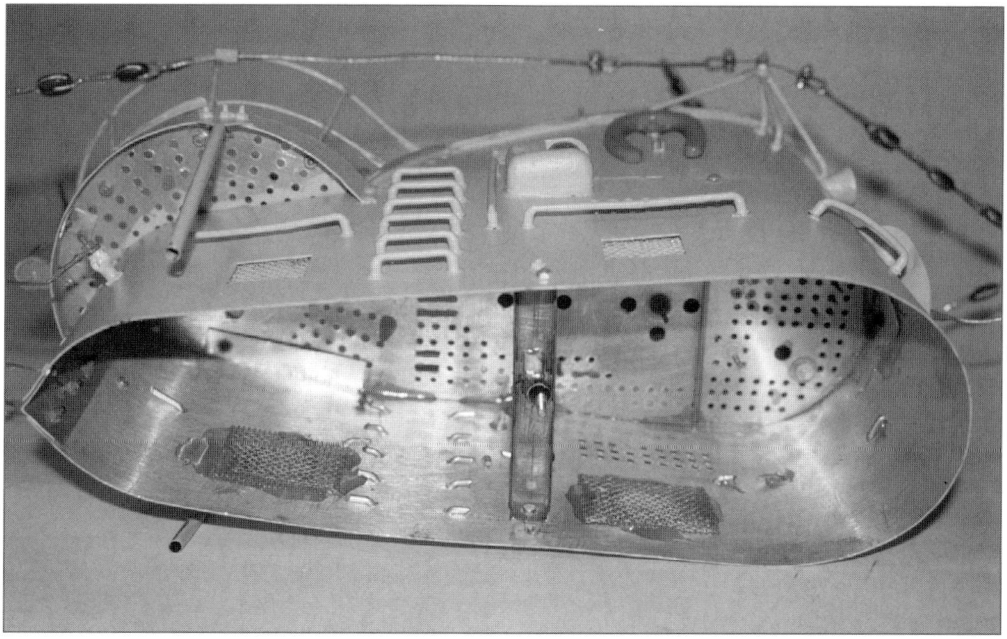

**Aus Aluminiumblech entstand der Turm.**

ben und Muttern der Größe M1,6 verbunden, so war bereits ein stabiler Rohbau geschaffen. Dann kam die Plattformreling an die Reihe. Sie musste zwangsläufig aus Messingrunddraht gebaut werden, um sie mit ihren Beschlägen und Verbindungen weichlöten zu können. Vom Gewicht her war mir das nicht ganz recht, aber mir fiel nichts Besseres ein. Die Relingstützen haben unten im Fußbereich M2-Gewinde erhalten, sodass sie umlaufend an der Plattform fest verschraubt werden konnten. Vor allem war durch diese Lösung das Zusammenlöten der Züge und anderen Anbauteile einfacher geworden.

Auf den Abbildungen des Vorbildes war zu erkennen, dass der Kommandoturm auf der Schanzkleidoberkante eine handlaufähnliche Armierung hatte. Aus Aluminiumblech war das nicht zu realisieren, aber Holz wollte ich an dieser Stelle nicht verwenden, weil erstens die Zerbrechlichkeit und zweitens unerwünschter Auftrieb drohten. Also ging wieder einmal die Suche nach einer brauchbaren Lösung los, und wieder einmal fand sich eine unkonventionelle. Im Baumarkt und im Lebensmittelhandel findet man sehr oft kleine Kunststoffeimer, die am oberen Rand umlaufend einen wulstartigen Abschluss aufweisen. Das war's. Ich entdeckte solch ein relativ biegsames und elastisches Gefäß, dessen oberer Rand dem Aussehen einer Turmarmierung sehr ähnlich war. Erkannt, gekauft, geleert – und schon war das Problem gelöst. Der Inhalt, nämlich das Sauerkraut, kam in die Küche meiner Frau und das Eimerchen mit etwa 20 cm Durchmesser zum Nulltarif in meine Werkstatt. Der obere Ring wurde so abgetrennt, dass unter dem Kragen rundum ein 10 mm breiter Streifen der Eimerwandung stehen geblieben ist. Auf diese Weise konnte meine Schanzkleidarmierung umlaufend von oben aufgelegt und mit dem Streifen von innen an das Schanzkleid angeschraubt werden.

Die Fotos vom Turm lassen erkennen, dass ein simpler Kunststoffeimer zu einer sehr guten Modellbaulösung werden kann. Dieses Bei-

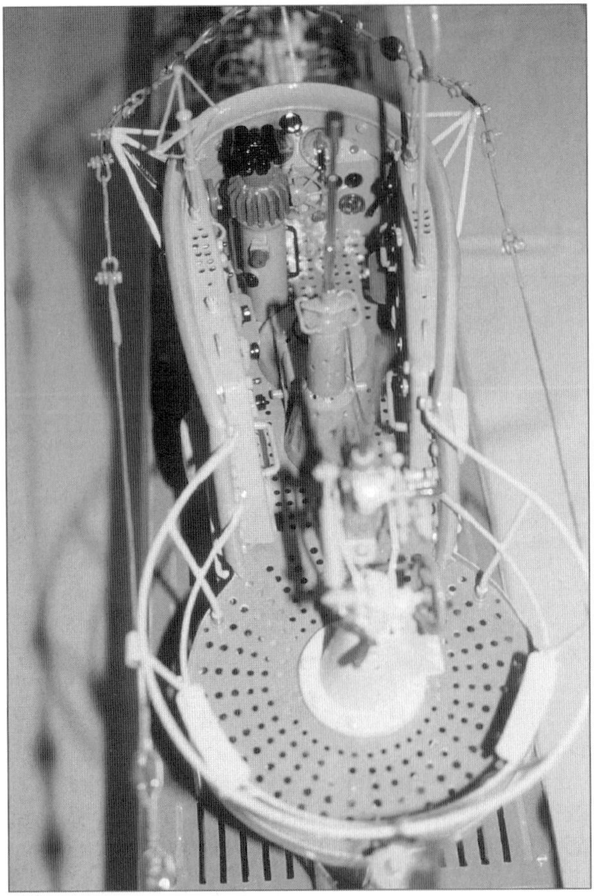

**Blick von oben in den Kommandostand**

schlagteile für attraktive Schiffsmodelle. Die Innenverkleidungen für das Schanzkleid konnten problemlos aus Aluminiumblech angefertigt werden. Es bot sich dann an, alle Beschläge und Gerätschaften herzustellen und sie zusammen mit den Verkleidungen als vormontierte Unterbaugruppen einzusetzen. Dies betrifft Leitungen, Dosen, Kästen, Trittbretter, Belüftung, Tochterkompass, Sprachrohr, Ruderlagenanzeiger, Steuerrad, Handräder, Hebel, Augen für Karabinerhaken usw. Gerade diese vielen kleinen Dinge sind es, die das Modell attraktiv machen. An einem U-Boot ist ohnehin nicht viel dran, da muss man das wenige, was möglich ist, auch wirklich realisieren. An dieser Stelle habe ich einen groben Fehler einzugestehen: Steuerbordseits ist auf der Oberseite die Innenverkleidung nicht vorbildgetreu. Zu spät erkannte ich auf den Bildern eines Fachbuches, dass die Be- und Endlüftung weiter hinten liegt und für den Runddipol ein Versenkungsschacht vorgesehen ist.

spiel zeigt wieder einmal deutlich: Man muss sich zu helfen wissen und man muss sich immer etwas einfallen lassen. Der geflügelte Ausspruch „Ideen muss'de haben" ist zwar richtig, aber noch wichtiger ist die Fähigkeit, die Brauchbarkeit von modellbaufremden Gegenständen zu erkennen. Das können Schraubverschlüsse von Tuben, Büchsen und Flaschen, Filmschachteln, Kugelschreiberminen, alte Uhren, Legoteile, Druckknöpfe und viele andere „Abfälle" sein. Es ist kaum zu glauben, was alles im eigenen Haushalt anfällt. Natürlich kann man diese Dinge selten im Originalzustand verwenden, aber oft genügen kleine Veränderungen und aus Müll werden Be-

Dieses Versehen ist entstanden, weil beim Typ II anfänglich der runde Peilrahmen vor dem Turm auf einem sockelähnlichen Vorbau gestanden hat und erst später auf den Turm gestellt wurde. Aus diesem Grunde war ich der Annahme, dass solche Schächte für Hohentwiel und Peilrahmen nur beim Typ VIIC, Typ IXC usw. vorgesehen waren. Trotzdem habe ich es belassen, wie es ist. Wer es nicht weiß, wird es nicht bemerken.

Das Turmluk wurde so gebaut, wie es in vielen Abbildungen und Zeichnungen zu sehen ist. Dabei war die beste Detailzeichnung in dem Buch „Vom Original zum Modell: Uboottyp IX C" zu finden. Der Deckel aus Kunststoff und die großen Scharnierbänder aus Aluminium bilden den Grundaufbau. Auf die gegenläufig gedrehten Ausgleichfedern, die sich auf der Scharnierachse befinden, wurde natürlich auch nicht verzichtet. Das Handrad auf dem Turmluk entstammt einer alten Taschenuhr und ist entsprechend umgearbeitet. Die Griffelemente bestehen aus Kupferdraht. Das Turmluk bildet einschließlich Unterbau und Lukensüll unter sich einen Hohlraum, sodass oben unter dem Handrad Entlüftungslöcher gebohrt werden mussten. Insgesamt habe ich darauf geachtet, dass sich beim Tauchen nirgendwo Luftblasen bilden können, weil damit ungewollte Auftriebskräfte entstehen, die zulasten der Tauchtankkapazität gehen.

Die Säule für den Torpedozielapparat und dessen Trägerkopf sind aus Kunststoff gefertigt, wobei auch das Polystyrolrohr unten und oben kleine Entlüftungslöcher erhielt. Den Grundkörper des aufgesetzten Torpedozielapparates sägte ich aus einer 6 mm dicken Polystyrolplatte aus und feilte ihn in Form, die Objektiv- und Okularteile wurden auf der Drehmaschine aus Messing hergestellt, gebohrt und mit Innengewinde versehen. Das Ganze macht durchaus einen vorbildgetreuen Eindruck. Im Originalbetrieb ist der Torpedozielapparat abgenommen worden, bevor man auf Tauchstation ging, beim Modell bleibt er natürlich auch bei Tauchfahrt auf seinem Platz.

Das Oberteil des Sehrohrbocks ist wieder aus Polystyrol, das Unterteil aus dem konischen Verschluss einer Waschmittelflasche. Das obere Schluss- bzw. Kopfstück besteht aus einer Messingbuchse mit Flansch, an der zwei Griffbügel und ein inneres Führungsrohr für das Sehrohr angelötet sind. Als Sehrohr wurde eine Teleskopantenne verwendet, wie man sie z.B. bei Kofferradios findet. Solche Antennen gibt es ziemlich preisgünstig bei Conrad Electronic, sie sind auch im zerlegten Zustand für viele Modellbauzwecke verwendbar. Ich habe unten in den Antennenfuß einen Messingzapfen mit M3-Außengewinde eingelötet. Unter dem Oberdeck der Zentralsektion ist das Ge-

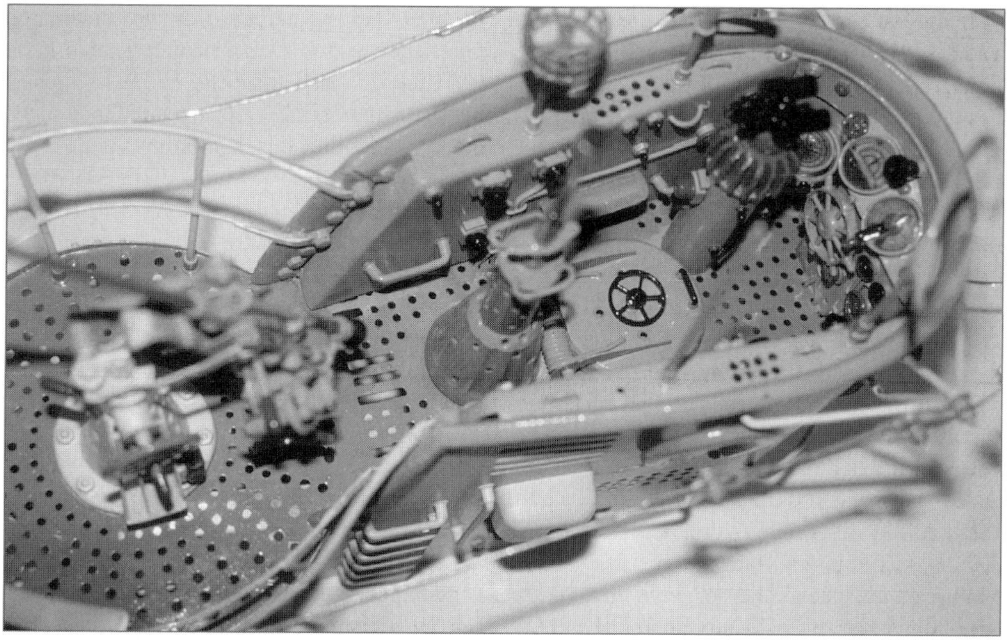

**Im offenen Kommandostand fehlt kein einziges Detail.**

genstück, eine Messingbuchse mit M3-Innengewinde und einer trichterförmigen Einführungsöffnung, auf einer Plexiglasplatte aufgeschraubt. An dieser Messingbuchse befindet sich eine Lötfahne, an der später das Antennenkabel des Empfängers angelötet wird. Der Turm selbst steht verdrehungssicher auf drei Führungszapfen auf einer Polystyrolisolation und wird auf dem Oberdeck befestigt, indem man die Teleskopantenne von oben in den Sehrohrbock steckt und in die Messingbuchse einschraubt. Damit ist der Turm als Antenne mit nur einer Schraubverbindung standsicher befestigt. Das Sehrohr lässt sich auf 50 cm Höhe ausziehen, sodass man das Modell auf Sehrohrtiefe fahren kann.

## Antennenausstattung

Die originalgetreue Antennenausstattung ist eine Sache für sich. Dabei sind die Langdrahtantennen, die mit starken Stahlseilen auch eine Netzabweiserfunktion haben, einigermaßen eindeutig. Rechts und links am Turm befinden sich Spreiz- und Stützgestänge, dort ist beiderseits die Bugantenne angeschäkelt, ihre beiden Stränge werden über je drei Abspannisolatoren auf einer Rolle oder auch nur Dreieckplatte zusammengeführt. Dort angeschäkelt führt dann die eigentliche Antenne zum vorderen Antennenbock bzw. Netzsägebock. Die Abspannisolatoren, die mitunter auch Antenneneier genannt wurden, sind vorbildgetreu eingebunden. Ich habe dafür einfach handelsübliche Klumpblöcke aus braunem Kunststoff verwendet, wie sie z.B. Harhaus in sieben verschiedenen Größen anbietet, und jeden mittig mit einem Querloch versehen. Als Antennenseil nahm ich übliche Schaltlitze mit 1 mm Aderdurchmesser, die aus verzinnten Einzeldrähten verdrillt ist. Die erforderlichen Längen wurden abgemantelt, sodass sie wie echte Stahlseile aussehen. Die so genannten Augspleiße wurden mit 0,25 mm dickem Kupferdraht bandagiert und verlötet. Die Bandagen sind dunkelgrau gestrichen, die Seile aber blank belassen. Vom Turm zum Heck verläuft beiderseits je eine Langdrahtantenne, die achtern auf je einem kleinen Antennenbock angeschlagen sind. Material und Bauweise entsprechen der Bugantenne. Die Langdrahtantennen bekamen sowohl am Bug als auch achtern je eine Spannschraube, sodass sie nach dem Aufsetzen des Turmes steif gesetzt werden können. Die Antennenableitungen sind vorne auf einen und hinten am Turm auf zwei Einführungsisolatoren angeklemmt. Diese bestehen aus Polystyrol und sind mit M2-Muttern verschraubt.

Bis hierher besteht zu den Antennen ziemliche Klarheit und Eindeutigkeit. Ab dem Jahr 1942 wurden bei den Spezialantennen permanent Veränderungen, Ergänzungen und Experimente vorgenommen. Die Ursachen dafür lagen in der rasanten Weiterentwicklung der Schall- und Funkortung vor allem durch die Engländer. Das wiederum war eine logische Folge auf die enormen Tonnageverluste, die Großbritannien durch deutsche U-Boote erlitten hatte. Die U-Boot-Abwehr der Engländer wurde derart erfolgreich weiterentwickelt, dass nach 1943 die deutschen U-Boote zunehmend unterlegen waren, wozu natürlich auch noch der Einbruch in den deutschen Funkschlüssel beigetragen hat. Die Deutschen befanden sich daher hinsichtlich der Funkortung eher auf der passiven Seite, d.h., sie mussten ihre U-Boote mit Geräten und Antennen ausstatten, die vorrangig zur funkmesstechnischen Abwehr dienten. Es ging darum, funkmesstechnische Ortungssignale des Gegners aufzufangen, auszuwerten und daraus Schlüsse zu ziehen über Art, Entfernung, Richtung usw.

Für den Bau solcher U-Boot-Modelle bedeutet dies, die äußerlich sichtbaren Antennen richtig zu bauen und richtig anzuordnen. Doch deren Möglichkeiten gibt es viele, weil außerdem einige Antennen für die bordeigenen Kurzwellen-, Mittelgrenzwellen- und Langwellensender gebraucht wurden. Da wäre zunächst die Stabantenne zu nennen, die grundsätzlich zum U-Boot-Modell gehören könnte. Dann

**Hier steht beispielsweise das Biscaya-Kreuz backbordseits und der runde Peilrahmen steuerbordseits auf dem Turm.**

kann grundsätzlich der kreisförmige Peilrahmen vorgesehen werden. Auf unserem Typ-II-Boot war er, wie oben bereits angedeutet, vor dem Turm auf einem angebauten Sockel, dann später auf dem Turm angeordnet. Ich habe ihn auf dem Turm steuerbordseits auf der Schanzkleidverkleidung fälschlicherweise ohne Versenkungsschacht vorgesehen. Vorne am Turm wurde der Rest des alten Standortes angebaut bzw. angedeutet.

Ab hier ist die Auswahl für weitere Antennen frei. Da wäre z.B. die FuMB-Antenne Biscaya-Kreuz möglich. Das war ein auf die Schnelle entwickeltes Provisorium aus Holzlatten und Kupferdraht. Diese habe ich gebaut und auf den Turm gestellt. Vor dem Tauchen müsste man das Biscaya-Kreuz immer oben abbauen und samt Kabel mit in den Turm hineinnehmen. Dann geht es weiter mit der FuMB-26-Antenne Tunis für den Dezimeterwellenbereich und mit der FuMB 28 Naxos mit ZM-4-Peilung zur Erfassung des gegnerischen 9-cm-Radars. An der Turmfront hatte man auch bis zu 16 Einzelantennen für FuMO 29 (früher FMG 41) fest anmontiert. Später wurde das Biscaya-Kreuz durch die verbesserte FuMB-29-Antenne Bali zur Erfassung der Dezimeterwellen abgelöst. Auf einigen Abbildungen ist sowohl die eine als auch die andere zu sehen. Beide zusammen gibt es auf den Originalbooten jedoch nie, nur bei meinen Modellen habe ich hier und da mal vergessen, eine von beiden abzuschrauben.

Die FuMO-61-Antenne Hohentwiel, die so genannte kleine Matratze, stand auf dem Turm backbordseits und konnte in einen Schacht niedergefahren werden. Auf den Typ-II-Schwarzmeerbooten gab es diesen Antennentyp wahrscheinlich nicht, beim IX-C-Modell habe ich sie aber vorgesehen. Im Übrigen findet man zu diesen und anderen Antennen sehr gute Zeichnungen und Abbildungen in der Fachbuchreihe „Vom Original zum Modell“. Schließlich soll noch die FuMB-Antenne Berta als Breit-

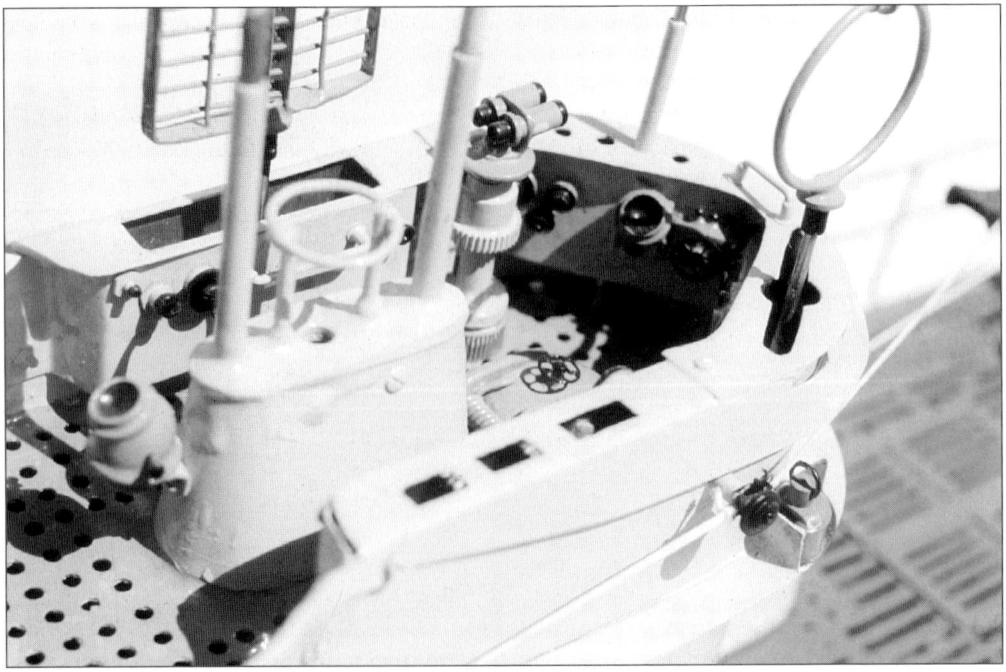

**Auf dem U-505-Turm sind Hohentwiel und Runddipol zu sehen, beide versenkbar angeordnet.**

**Gut zu erkennen ist die angeschäkelte Langdrahtantenne mit den Isoliereiern im Vorlauf. Bali-Antenne und Biscaya-Kreuz hat es, so wie hier dargestellt, nicht gegeben.**

banddipol des Meterwellenbereiches genannt werden, der aber in der Regel vorne verkleidet war. Zum oben genannten Rundpeildipol gab es auch eine Variante mit kombinierter Stabantenne, im Buch „Vom Original zum Modell: Uboottyp IX C“ findet man dazu eine Detailzeichnung.

Natürlich ist es nicht so, dass dies alles auf einem Boot zu sehen ist, denn zwischen den einzelnen Ausbauvarianten befanden sich Entwicklungs- und Erprobungsstufen, sodass die eine Anlage als veraltet oder untauglich von Bord gegeben wurde und stattdessen neue Funkmessmittel eingebaut wurden, von denen aber vorher oftmals keiner wusste, ob sie dem Schutz des Bootes dienlich waren.

Sicherlich wird sich jeder U-Boot-Modellbauer mit dem ausgewählten Original so gut es geht vertraut machen, aber meistens hat sein U-Boot 1939 anders ausgesehen als 1941. Und wenn er dann Bilder von 1943 findet, wird er feststellen, dass es wieder anders aussieht, was übrigens auch auf die Artillerieausstattung zutrifft. Da muss jeder selbst entscheiden, was und wie er baut. Meine Devise lautet: „Lieber zu viel als zu wenig.“

Der Bau der Modellantennen ist dann das geringste Problem: Kupferdraht, Stahldraht, ein paar Messingbuchsen und ein Lötkolben passender Größe sind ausreichend, mehr braucht man nicht.

## Artillerieausstattung

Bei diesem Thema scheiden sich oft die Geister. Manchen Modellbauern ist nämlich jegliche Detailvielfalt unerwünscht und sie suchen dann ein Vorbild-U-Boot aus, bei dem möglichst wenig äußere Details gebaut werden müssen. Für sie machen meist die Tauch- und Steuertechnik und die Elektronik den Hauptteil des Hobbys aus, wobei der Schiffsmodellbau nur ein notwendiges Übel darstellt. Natürlich muss man solches uneingeschränkt akzeptieren, umgekehrt gibt es ja auch Modellbauer der Spitzenklasse, die beispielsweise von Elektronik keine Ahnung haben. Das halte jeder, wie er mag, ich zähle mich jedenfalls zu denjenigen, für die es nichts Besseres gibt als die große Detailvielfalt, die ein Schiffsmodell erst so richtig attraktiv macht.

Natürlich kann man sich bei einem Zerstörer oder bei einem Panzerschiff nicht über Detailmangel beklagen, aber beim U-Boot ist das schon wieder ganz anders. Da muss man die attraktiven Details suchen und alles, was möglich ist, muss gebaut werden. Allein diese persönliche Vorliebe hat mir z.B. ein nacktes, zu glattes Atom-U-Boot nicht gerade reizvoll erscheinen lassen. Nur aus diesem Grund sind für mich die U-Boote des Zweiten Weltkriegs interessant genug und modellbauwürdig. Da ist es gut, dass neben dem Turm und seiner Brückenausrüstung sowie den paar Schiffsausrüstungen einige Kanonen aufgestellt werden können. Wenn dann der Baumaßstab, wie beispielsweise hier mit 1:20, groß genug ist, lassen sich schon sehenswerte Artilleriemodelle bauen.

Bei der vorangegangenen Vorstellung der verschiedenen Originale nannte ich bereits einige Bewaffnungsvarianten. Zusammenfassend kann man sagen, dass die deutschen U-Boote des Zweiten Weltkriegs je nach Typ, Variante und Kriegsjahr mit folgender Artillerie ausgerüstet waren:

Als kleinstes Kaliber gab es das 13,2-mm-Breda-MG sowohl in Einzel- als auch in Zwillingslafette. Diese Waffe war auch in druckfesten Behältern versenkbar.

Das nächst größere Kaliber war das 15 mm Flak-MG 151 Z mit ebenfalls versenkbarer Lafette in druckfesten Behältern. Diese Waffe sieht man auf vielen Fotos in den genannten Fachbüchern.

Die 2 cm Flak 30 mit Sockellafette L.30 bzw. 30/37 war die wahrscheinlich am meisten verbreitete Fliegerabwehrkanone auf allen U-Boot-Typen. Dazu gab es noch die 2 cm Flak 38. Beide Varianten wurden auch in Zwillingslafetten gefahren und es gab sogar

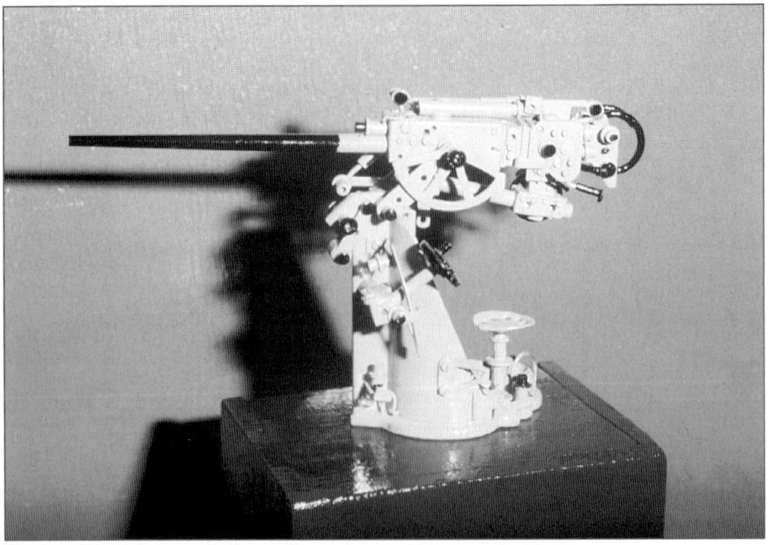

**3,7 cm Flak SK C/30 in U-Boot-Lafette L.C/39**

**3,7 cm Zwillingsflak LM 43 U**

die 2 cm Vierlingsflak 38/42 U und 38/43 U auf U-Booten. Um die Wirksamkeit der Fliegerabwehr zu verbessern, wurde zunehmend die 3,7 cm Flak SK C/30 U in U-Boot-Lafette L.C/39 sowie die 3,7 cm Flak M42 in der neueren Flaklafette LM 43 U an Bord genommen. Dazu gab es aber auch die 3,7 cm Zwillingsflak M42 in Doppellafette LM 42. Einige der 2-cm- und 3,7-cm-Kanonen waren ursprünglich mit Splitterschutzschilden ausgerüstet. Diese erwiesen sich aber bei rauer See und bei Tauchfahrten als derart störanfällig und hinderlich, dass man sie nach und nach alle entfernte.

Die Buggeschütze sind sowohl auf dem Original als auch auf dem Modell sehr bildbestimmend. Abgesehen von Typ-II-Booten, die 2-cm-Kanonen auf der Back hatten, waren überall die 8,8-cm- und 10,5-cm-Kanonen als

**2 cm Vierlingsflak 38/42 U**

Buggeschütze üblich. Die 8,8 cm SK C/35 in U-Boot-Lafette L.C/35 war sehr verbreitet, größere Frontboote, wie z.B. Typ IX C, waren mit der 10,5 cm SK C/32 in U-Boot-Lafette C/36 bestückt. Dieses große Kaliber hatte man sogar schon auf U-Booten des Ersten Weltkriegs eingesetzt und es ist bezeichnend, dass auch die Boote vom Typ I A von 1936 eine 10,5 cm L/45 auf der Back hatten.

Die Wirksamkeit mitgeführter Artillerie wurde im Laufe der Kriegsjahre immer fraglicher und auch den Flakwaffen standen aufwand und Nutzen in keinem vertretbaren Verhältnis. Nach 1943 hat ab daher die Artilleriebestückung Schritt für Schritt von Bord gegeben. Die Torpedobewaffnung allein machte letztlich die Schlagkraft der U-Boote aus. Der neue U-Boot-Typ XXIII war das erste U-Boot überhaupt, für das konzeptionell keinerlei Artillerie mehr vorgesehen war.

Wer solche Kanonen im Maßstab 1:20 oder 1:25 bauen will, muss sich gute Bauunterlagen beschaffen. Wie ich im Abschnitt „Zu den Bauunterlagen“ andeutete, haben viele Normalbaupläne keine ausreichende Aussagekraft, um nach ihnen z.B. eine vorbildgetreue 3,7 cm SK C/30 oder 8,8 cm SK C/35 bauen zu können. Deshalb sind die Fachbücher mit ihren Abbildungen eine wichtige Quelle, die es auszuwerten gilt. Anspruchsvolle Modellbauer, die Modelle in Meisterschaftsqualität (Naviga Sektion C) schaffen wollen, müssten sich wohl sogar an das Bundesarchiv, Abteilung Militärarchiv in Freiburg (Wiesentalstraße 10, 79115 Freiburg) wenden, wo unter anderem auch die Originalzeichnungen zu den genannten Kanonen aufbewahrt werden.

Egal ob eine 10,5 cm SK C/32 oder ein anderes Geschütz im Maßstab 1:25 oder einem ähnlichen auf dem Bauprogramm steht, es ist immer ratsam, sich zunächst mit dem Original vertraut zu machen. Dabei geht es nicht nur darum, wie es ausgesehen hat, sondern auch um die funktionellen Merkmale und Details: Wie sind Pivot und Lafette montiert, wie gehören Wiege und Waffe zusammen, wie funktionieren Federausgleicher, Gasdrucklader, Visiereinrichtung, Richtmaschinen usw. Dieses Wissen verspricht letztlich eine größere Erfolgschance für das Gelingen eines Kanonenmodells, es erleichtert den Bau und das Zusammenfügen der Einzelteile. Für meine Schiffsmodelle der grauen Flotte, zu denen nicht nur U-Boot, sondern auch S-Boot, M-Boot, Pan-

**Zwei Exemplare der 2 cm Flak 30, wie sie auf den Typ-II-Booten und anderen üblich war.**

zerschiff und andere gehören, habe ich vom Kaliber 2 cm bis 28 cm insgesamt 38 vorbildgetreue Kanonen und Geschütze gebaut und die dabei gemachten Erfahrungen und Bauergebnisse im Buch „Details für Marinemodelle“ in Wort und Bild dargestellt. Der Interessierte findet dort alles, was für den Modellbau der Artillerieausstattung wichtig ist, wie und womit gebaut wird.

Trotzdem seien hier in Kurzform noch ein paar allgemein gültige Hinweise gegeben. Ein Hausbauer fängt unten mit Keller und Erdgeschoss an, baut darauf das Obergeschoss und dann Dachstuhl und Dach. Der Techniker denkt bei einer Maschine, bei einem Kran und anderen Bauten ebenso, was letztlich bei einer kleinen oder größeren Kanone auch nicht anders ist. Nicht so die Betrachtungsweise des Modellbauers: Ich habe für meinen Kanonenmodellbau eben diese Logik auf den Kopf gestellt und nicht mit der Grundplatte, sondern mit dem Kanonenrohr angefangen. Die in Abbildungen dargestellte Originalkanone wird gedanklich bzw. zeichnerisch in ihre Einzelteile zerlegt und maßlich festgelegt. Dann beginnt der Bau grundsätzlich mit dem Rohr, das je nach Kaliber und Maßstab aus Messing, Kunststoff, Aluminium oder Holz bestehen kann (natürlich sollte man immer auf das Gewicht achten). Nach den Ist-Maßen des Komplettrohres wird das Waffengehäuse gebaut, angepasst und mit dem Rohr verschraubt. Dazu kommen je nach Waffentyp und -größe Vorholer, Verschluss, Rohrbremse, Gleitschuh, Visiereinrichtung usw. an die Reihe, um die eigentliche Waffe bis zum Fertigzustand zu komplettieren. Als nächste Gruppe wird nach den Ist-Maßen der Waffe die Wiege mit Aufhängung, Gleitschiene usw. gebaut und wieder zusammen mit der einmontierten Waffe zu einer Baugruppe höherer Ordnung zusammengefasst. Wieder aus den Ist-Maßen der Wiege leiten sich die Soll-Maße für die Lafette mit den eventuellen Federausgleichern, den Trägeranbauten für Richtmaschinen usw. ab. Wenn dann auch Waffe, Wiege und Lafette passend zusammengefügt sind, können Drehkranz, Pivot und Sockel gebaut werden. Diese Baufolge hat sich bestens bewährt. Die Wahrscheinlichkeit, dass alles gut zusammenpasst, ist mit dem Rückwärtsbau größer als umgekehrt.

Natürlich ist jede Kanone anders aufgebaut und die Lade- und Verschlussmöglichkeiten, die Rohrrücklaufdämpfungen, die Rohrvorholer, die Höhen- und Seitenrichtmaschinen, die Visiereinrichtungen usw. sind sehr typgebunden. Die für den U-Boot-Modellbau verwendeten Artilleriemodelle 2 cm Flak 30, 3,7 cm Flak C/U, 8,8 cm SK C/35 und 10,5 cm SK C/32 sind in meinem oben genannten Buch „Details für Marinemodelle“ enthalten und ausführlich dargestellt. Wie und womit der Modellbauer sein U-Boot-Modell bewaffnet, ist relativ unkritisch. Im Verlauf der Kriegsjahre wurde bei der Artilleriebestückung sehr viel verändert, hinzugefügt und wieder von Bord gegeben. Auf einem VII-C- oder IX-C-Boot kann man sich so ziemlich alles erlauben, ohne den Berufskritikern ins Messer zu laufen. Auch in diesem Punkt ist es am wichtigsten, dass der Erbauer seine Freude hat. Mir gefiel es halt, mein jüngstes Modell oben auf dem Wintergarten mit einer 2 cm Flak 30, vorne auf der Back mit einer 8,8 cm SK C/35 und hinter dem Turm auf dem Deck mit einer 3,7 cm Flak SK 30 U auszurüsten. Natürlich weiß ich, dass das hinsichtlich Vorbildtreue falsch ist, aber mir macht das Spaß. Und weil ich eine ausreichende Typenauswahl im Arsenal habe und jede Kanone von Bord gegeben bzw. an Bord genommen werden kann, ist es zu jeder Zeit möglich, beispielsweise auf Ausstellungen mit der historisch richtigen Artilleriebestückung anzutreten. Der aufmerksame Betrachter wird feststellen, dass es bereits hier im Buch verschiedene Bewaffnungsvarianten gibt. Anders ist es natürlich, wenn man beabsichtigt, an Wettkämp-

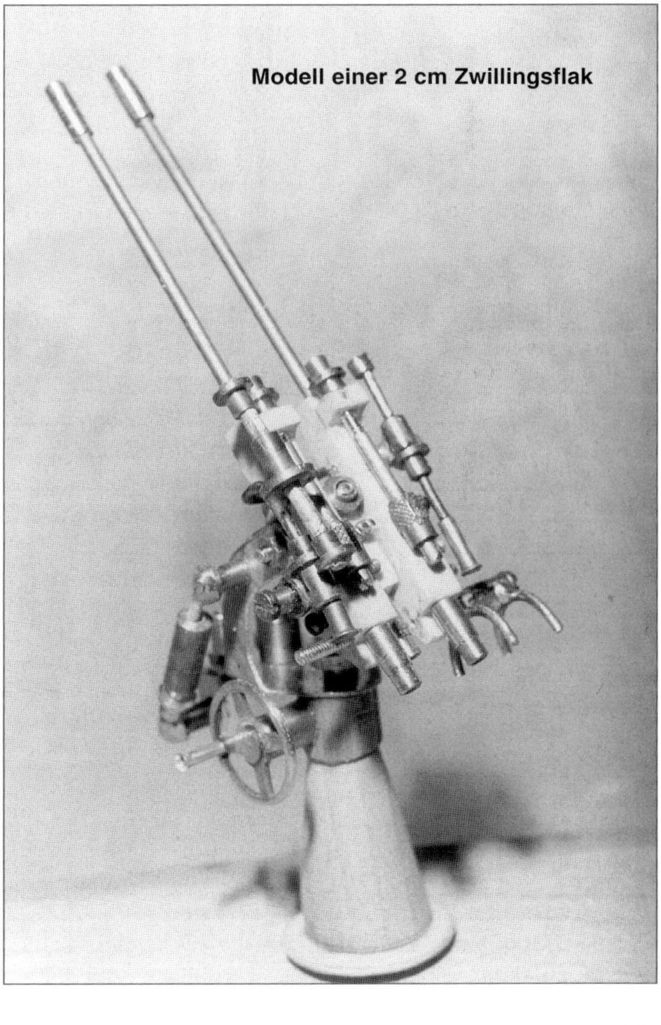
Modell einer 2 cm Zwillingsflak

3,7-cm- und 8,8-cm-Kanonen, vormontiert auf den Decksplatten

Für die U-Boot-Modelle sind alle Details mit Kunstharz beschichtet und zweimal lackiert, also tauchfähig.

fen und Meisterschaften teilzunehmen. Da sind selbstverständlich die Bauvorschriften und Klassenkriterien der Naviga einzuhalten. Man müsste den Punktrichtern z.B. nachweisen, ob das Modell U 18 dem Bauzustand von 1937 oder dem von 1943 entspricht, wobei die dokumentarische Belegung in den vorgelegten Bauunterlagen auch nicht fehlen darf. Ich sage dies, um hier niemand ein schlechtes Beispiel zu geben. Was mich und meine Modelle betrifft, so stehe ich mit fast 70 Jahren jenseits der Punktrichtermeinung über gut und schlecht.

Nun noch ein paar Worte zur Farbgebung der Artillerie. Natürlich kommt nur graue Farbe in Betracht, wie sonst sollte sie auch sein. Aber gerade das Grau in Grau kann zu einer schlechten Wirkung führen. Die Grundfarbe sollte man daher nicht zu dunkel wählen, denn das Plastische einer filigran gebauten Kanone kommt nicht richtig zur Geltung, wenn die Schattenbildung des einfallenden Lichtes auf eine zu dunkle Grundfarbe fällt. In der zivilen Schifffahrt bringt das Bunte die wirksame Kontrastbildung. Aus einem U-Boot kann man aber keinen Musikdampfer machen. Man muss sich also anders helfen. Die Grundfarbe für die größeren Flächen sollte hellgrau sein. Die plastischen Vorsprünge, Nuten und Vertiefungen bringen dann eine etwas dunklere Schattenbildung auf hellen Untergrund. Dann gibt es die Möglichkeit, z.B. das Kanonenrohr, das Waffengehäuse und andere Kleinteile mit einem etwas dunkleren Grauton zu versehen. Der Farbunterschied darf aber nicht zu groß sein, die Farben sollten sich gerade noch sichtbar voneinander abheben, sodass das plastische Erscheinungsbild unterstützt wird. Wenn die Farbabstufungen zu sehr auffallen, zerreißt nämlich das Erscheinungsbild. Bei den sogenannten Museumsanstrichen wird die Farbgebung oft übertrieben. Da findet man dann z.B. Griffelemente und Ähnliches schwarz und Handräder rot angestrichen. Am Modell muss man mit so etwas sehr vorsichtig sein. Man sollte grundsätzlich bei der Farbpalette von Hell- bis Dunkelgrau oder Anthrazit bleiben und wenn schon Rot oder Schwarz verwendet wird, dann ist ein äußerst sparsamer Umgang nötig. Um die Wirksamkeit zu testen, kann man einige Vorversuche machen. Grundsätzlich gilt die alte Weisheit, dass ein gut gebautes Modell von einem schlechten Anstrich abgewertet wird, umgekehrt aber ein guter Anstrich sogar ein schlechtes Modell aufwertet.

# Fertigstellung und Probefahrt

## Zusammenbau

Dieser Abschnitt kann im Gegensatz zu den vorherigen relativ kurz gehalten werden. Durch die Vorteile, die der Sektionsbau mit sich bringt, sind die Vorbereitungs- und Fertigstellungsarbeiten an den einzelnen Sektionen so weit vorangetrieben, dass nach ihrem Zusammenbau nicht mehr viel Arbeit übrig bleibt. Trotzdem ist noch Wichtiges zu tun.

Nachdem an Bug- und Hecksektion nichts mehr verändert, gebohrt und geschraubt werden muss, erfolgt der letzte Innenanstrich mit Epoxydharz. Das ist besonders wichtig, weil diese Holzbauten absolut wasserdicht versiegelt sein müssen. Dann werden sie außen eingeharzt, mit einer Schicht Glasseidengewebe versehen und nach Aushärtung nochmals mit Epoxydharz überzogen. Ich habe das alles zwar schon in der Beschreibung des Sektionsbaus ange-

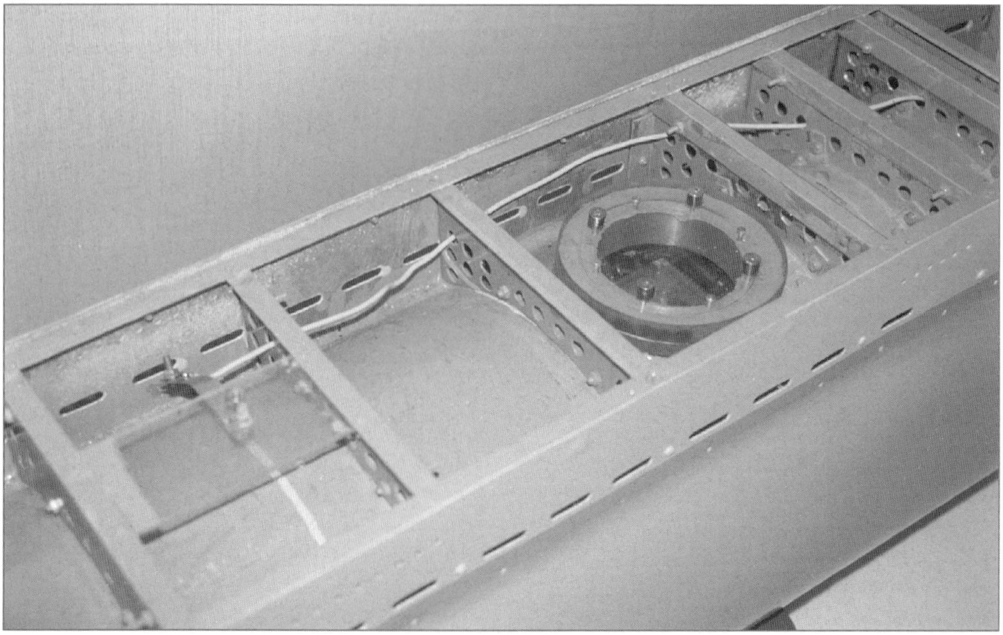

**Das Antennenkabel ist mit der Sehrohr-Haltebuchse verbunden.**

deutet, aber es gibt wie gesagt keine geradlinige Chronologie der Bauabläufe, sondern es muss aus vielen Gründen vorgegriffen, zurückgegangen und teilweise auch parallel gebaut werden.

Nun werden die drei Sektionen zur Fertigstellung miteinander verschraubt, wobei zunächst noch dünne Kunststofffolien zwischen die Stirnseiten gelegt wurden. Erst jetzt erfolgt das letzte Feinspachteln und Feinschleifen, wobei auch die überstehenden Ränder der beigelegten Folien bündig abgeschliffen werden. Die Zentralsektion habe ich nicht mit Glasseide überzogen, weil das stabile Kunststoffrohr keine Rissbildung erwarten lässt. Lediglich die zugeharzte Übergangszone zwischen Rohr und Freibordwand ist nachgespachtelt und überschliffen worden.

Nun endlich konnte die Endlackierung vorgenommen werden, wobei zunächst die gesamte Außenfläche mit einer mittelgrauen Farbe angestrichen wurde. Danach erfolgte mit einem bleistiftbestückten Höhenreißer die Markierung der Konstruktionswasserlinie, die ich etwas neben dem Strich mit Tesaband abklebte. Hier wird deutlich, dass diese Arbeit nur am komplett zusammengeschraubten Rumpf durchgeführt werden kann, weil anders keine stufenlose Linienführung zu erzielen ist. Abschließend wurde der Freibordbereich mit einem helleren Grauton angestrichen, der auch für Kommandoturm, Netzsäge und Kanonen Verwendung fand. Nur die Aluminiumplatten des Laufdecks sind dunkelgrau gestrichen.

Damit war der Rumpf so weit fertig gestellt, ich habe ihn dann nochmals auseinander geschraubt, die eingelegten Folien entnommen und für die Endmontage wieder zusammengeschraubt. Hier bereits stellte sich die Sektionsbauweise und die einfache Trennmöglichkeit als eine recht feine Sache dar.

Nun konnten die Kanonen aufgestellt werden. Vor den Kommandoturm kam die 8,8-cm- und hinter den Turm die 3,7-cm-Kanone. Wie auf den Abbildungen zu erkennen ist, gibt es bei mir die 3,7 cm SK C/30 sowohl in der

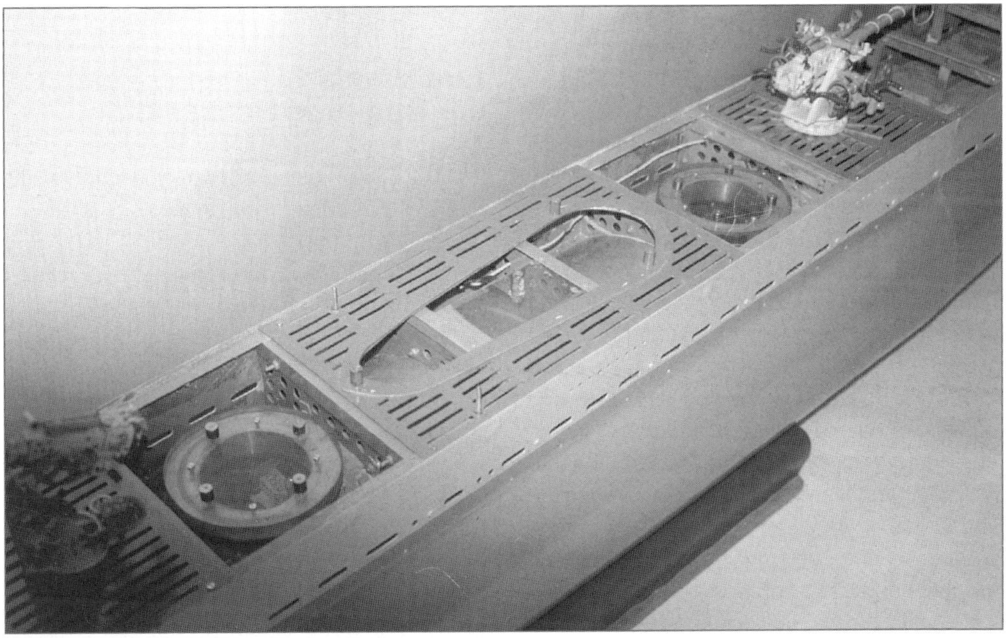

**Mit M2-Schrauben werden die Decksplatten befestigt.**

**Turm und Kanonen sind montiert.**

U-Boot-Lafette L.C/39 als auch in der Flaklafette LM 43 U. Diese Kanonen sind unter den Sockelscheiben jeweils mit einem M3-Gewindebolzen versehen, unter Deck kommen darauf eine Gummipufferscheibe, eine Unterlegscheibe und eine M3-Mutter. So lassen sich die Kanonen von Hand verdrehen, verbleiben dann aber sicher in der gewünschten Position. Sie stehen jeweils auf einer eigenen Decksplatte, sodass sie leicht abgenommen bzw. gewechselt werden können. Die letzte Bauarbeit bestand im Auftakeln der Netzabweiser- und Langdrahtantennen, deren Herstellung bereits ausführlich beschrieben wurde.

Es war inzwischen Februar geworden und die „Meere" waren noch fest und dick zugefroren. Mit dem Stapellauf, dem Austrimmen und den Probefahrten musste ich also bis zum Frühjahr warten – eine gute Gelegenheit, um noch ein paar schöne Fotos auf dem Trockenen zu machen. Folglich kam das Modell auf den Präsentierteller mit weißem Hintergrund und der Fertigzustand konnte von allen Seiten und in Ausschnitten mit Turm, Kanonen, Antennen usw. fotografiert werden.

## Austrimmen der Bug- und Hecksektion

Ein U-Boot-Modell gilt als ausgetrimmt, wenn folgende Kriterien erfüllt sind:

- Das Modell muss im aufgetauchten Zustand sowohl mit seiner Längs- als auch mit seiner Querachse in der Ebene seiner Konstruktionswasserlinie waagrecht schwimmen.
- Das Gesamtgewicht des Modells muss bei 80–90% geflutetem Tauchtank so groß sein, dass das Modell zu 100% unter die Wasseroberfläche taucht.
- Das Modell muss im getauchten Zustand sowohl mit seiner Längs- als auch mit seiner Querachse waagrecht unter der Wasseroberfläche, ohne Restauftrieb und ohne Untertrieb, Stabilität zeigen.

Bei den im vorderen Teil des Buches beschriebenen Grundregeln ist unter anderem gesagt worden, dass das U-Boot-Modell im so genannten statisch tauchenden Schwebezustand nicht in einer konstanten Tiefe liegen bleibt, sondern auch bei bester Trimmung den Sinkvorgang fortsetzt. Für die Praxis des Austrimmens folgert daraus: Fluten, unter Wasser tauchen, das Lageverhalten beurteilen, sofort lenzen, Trimmelemente verändern, fluten, tauchen, beurteilen usw.

Wir erinnern uns: Wenn das U-Boot-Modell ausgetrimmt ist, liegt beim schwebenden Tauchen der Gewichtsschwerpunkt genau unter dem Auftriebsschwerpunkt, wobei Gewichtskraft und Auftriebskraft gleich groß sind. Das scheint in der Theorie ganz leicht, bedarf jedoch in der Praxis etwas Geduld und Zeit, denn solche Trimm-Tauchversuche müssen mitunter zehnmal und mehr wiederholt werden. An dieser Stelle muss ich nochmals auf die Konzeptionserarbeitung zurückgreifen. Dort wurde darauf hingewiesen, das Gesamtgewicht des Modells aus der Summe aller Nutzlasten zu ermitteln und daraus als sekundäre Aufgabe den notwendigen Auftrieb abzuleiten. Oftmals ist es bei Modellbauern üblich, den Auftrieb des druckfesten Hohlraumes und den Gesamtauftrieb des Modells als Primat zu betrachten und als gegeben bzw. als unveränderbar hinzunehmen. Erst später wird beim Austrimmen so viel Blei- oder Eisenballast eingebaut, bis das Gesamtgewicht die Größenordnung des Gesamtauftriebs erreicht hat.

Wie bereits festgestellt, ging ich bei diesem Modell in umgekehrter Reihenfolge vor, sodass vorrangig die fehlenden Trimmauftriebe anstelle der Trimmgewichte eingebaut wurden. In der Beschreibung für Bug- und Hecksektion habe ich das Austrimmen dieser frei durchfluteten Sektionen zur besseren Verständlichkeit vorwegnehmend nur angedeutet, nun sei in der nötigen Ausführlichkeit nochmals näher darauf eingegangen. Im Gegensatz zur Zentralsektion wurde beim Bau der Bug- und Hecksektion überhaupt nicht auf Gewicht und Auftrieb geachtet. Als völlig frei durchflutete Rumpfteile bestehen sie im Unterwasserbereich aus Holz und im Überwasserbereich aus Aluminium. In Vorbereitung des Austrimmens wurden sie zunächst gewogen, wonach die Bugsektion 1.550 g und die Hecksektion 1.289 g einschließlich Decksplatten auf die Federwaage brachten. Volumenbezogen sind es sehr komplizierte Gebilde, sodass die Wasserverdrängung und damit der Auftrieb rechnerisch fast nicht zu erfassen ist. Im Übrigen hätte die experimentelle Auftriebsermittlung nach dem Prinzip der hydrostatischen Waage keinen besonderen Nutzen gebracht. Der praktische einfache Trimmversuch im Wasser schien hier der beste Weg.

Also wurde die Bugsektion ins Wasser gelegt. Schwimmend ragte ein kleiner Teil über die Wasseroberfläche hinaus, aber die Bugsektion schwamm kieloben. Zumindest war klar geworden, dass der Auftrieb größer als das Gewicht sein musste. Nach erster Überlegung hätte dies ohnehin nicht anders sein können. Das spezifische Gewicht von Holz liegt je nach Art bei 0,5 $g/cm^3$, aber das von Aluminium bei 2,7 $g/cm^3$. Dazu kommt noch, dass die Querschnitte der Holzteile zwischen 3 und 5 mm, die Querschnitte der Aluminiumteile aber nur zwischen 0,8 und 1,2 mm liegen.

Im ersten Schritt legte ich nun aufs Geratewohl ein Bleigewicht mit 1 kg auf die Kielleiste und brachte einen Auftriebskörper mit 1 $dm^3$ Volumen oben direkt unter der gewünschten Eintauchwasserlinie an. Damit war grundsätzlich die Normallage mit Kiel unten und Deck oben hergestellt. Nun galt es nur noch, beide Einflusskräfte in ihrer Größe so zu verändern und in ihrer Lage nach vorne bzw. nach hinten zu schieben, bis das oben genannte erste Kriterium erfüllt war.

Es stellte sich die Aufgabe, für die benötigten Auftriebskörper eine günstige Lösung zu finden. Für höhere Druckfestigkeiten hätten sich verschieden lange und verschieden dicke Abschnitte von Kunststoffrohren angeboten. Mit 4-8 mm dicken Zylinderböden aus Sperrholz, die mit Kragen in die Rohre wasserdicht eingeklebt würden, ergäbe sich eine sehr sichere Lösung, die sich auch für größere Tiefen eignete. Hinsichtlich ihrer Variabilität, ihrer Befestigung und Einbaulage waren sie jedoch für meine Zwecke bzw. für die geringen Tauchtiefen noch nicht die ideale Lösung.

Letztlich bestand das Hauptziel darin, zugunsten der metazentrischen Höhe die Auftriebsschwerpunkte dieser Körper so nahe wie möglich unter die Konstruktionswasserlinie zu bringen. Darüber, also unter dem Laufdeck, durften die Auftriebskörper nicht angeordnet werden, weil sie dann im aufgetauchten Zustand wirkungslos wären. Die Körper so zu bauen, dass sie ebene Oberflächen und geringstes Eigengewicht haben, war sehr wünschenswert. Der Versuch mit kleinen rechteckigen Hohlkörpern aus Sperrholz oder Polystyrol brachte keinen Erfolg. Bereits bei einem Druck von 0,1 kg/cm² gab es messbare Flächendurchbiegungen bzw. Volumen- und Auftriebsverluste. Ein Vollkörper aus mittelfestem Balsaholz und Kunstharzimprägnierung brachte gute Ergebnisse bis zu 2 m Tauchtiefe, was für mein Modell sicher ausreichen würde.

Dieses Ergebnis machte mich mutig. Polystyrol- und Polyurethan-Hartschaum sollte getestet werden, wobei ich mit Polystyrol-Hartschaum begann. Passend zum oberen Innenraum der Sektion schnitt ich ein Prisma mit 13 cm Länge, 13 cm Breite und 4 cm Dicke zurecht. Auf ebener Fläche wurde es mit Drücken von 0,1, 0,2 und 0,3 kg/cm² belastet, wobei erst beim höchsten Druck eine messbare Veränderung eintrat. Im Weiteren stellte ich fest, dass Polystyrol-Teile aus Formstücken, wie man sie z.B. bei Verpackungen von Waschmaschinen oder Fernsehgeräten findet, größere Drücke vertragen als das gesägte Plattenmaterial aus dem Baumarkt. Um sicher zu gehen, habe ich solch ein Formteil in der Größe eines Kubikdezimeterwürfels an einem dünnwandigen Rohr aus Aluminium befestigt, es am Teich 1,5 m tief ins Wasser gedrückt und mit einer Federdruckwaage der Auftrieb gemessen, wo-

**30 kg lassen sich leichter fahren als tragen.**

bei Eigengewicht und Eigenverdrängung des Rohres herausgerechnet wurden. Das war übrigens nicht so einfach, wie es sich hier liest, sondern hat im Gegenteil einige Mühe und Nerven gekostet. Der Versuchsklotz versuchte permanent wegen seines Auftriebs nach den Seiten auszubrechen, sodass mehrmals gemessen werden musste, um dann ein verwertbares arithmetisches Mittel zu erhalten. Wichtig war, dass keine Volumenreduzierung gemessen werden konnte.

Anfänglich hatte ich selbst nicht an solch eine Lösung geglaubt, denn eigentlich lag die Erwartung nahe, dass Polystyrol-Hartschaum wie ein Schwamm zusammengedrückt wird. Bei den Versuchen wurde aber auch erkannt, dass mit einem einseitig aufgelegten Gewicht viel früher eine Verformung eintritt, als wenn unter Wasser allseitig auf jedem Quadratzentimeter die gleiche Druckbelastung herrscht. Mit meiner Tauchtiefenbegrenzung von 0,9 m und mit dem Lage- und Tiefenregler von Norbert Brüggen sah ich für den Einsatz von Polystyrol-Hartschaum keine Hinderungsgründe. Die Entscheidung war damit gefallen. Aus den großen Hartschaumteilen einer Fernseherverpackung wurden nun passend zu den Innenräumen der Bug- und Hecksektion die benötigten Auftriebskörper geschnitten. Mit einem scharfen Messer ließ sich das so exakt machen, dass ich 5 mm breite Einschnitte für die Spanten vorsehen konnte, wodurch gleichzeitig ein definierter Sitz gewährleistet war. Auf einem Foto weiter vorn sieht man einige Auftriebskörper sowohl aus Rohrstücken als auch aus Polystyrol-Hartschaum.

## Austrimmen des Komplettmodells

Die Zwischenetappen des Austrimmens der Bug- und Hecksektion waren notwendig, um das Austrimmen für das Gesamtmodell verständlich zu machen. Im Gegensatz zu Bug- und Hecksektion ist an der Zentralsektion

**Das Boot ist eingeschaltet, die Luke wird verschlossen.**

**Bereit zum Austrimmen**

**Kleine Bleigewichte ersetzen die abgenommenen Decksplatten. Das Austrimmen kann beginnen.**

**Noch an der Leine, wird langsam geflutet.**

überhaupt keine Trimmmöglichkeit vorgesehen. Allein diese Tatsache erleichtert am Teich die Austrimmung des kompletten U-Boot-Modells erheblich, denn wasserdichte bzw. druckfeste Bereiche müssen nicht ständig geöffnet und verschlossen werden.

Alle drei Sektionen waren nun miteinander verbunden, die Oberdeckplatten der Bug- und Hecksektion hatte ich jedoch abgeschraubt, um mit den Händen, Gewichten und Auftriebskörpern gut hantieren zu können. Damit die abgenommenen Decksplatten am Schluss nicht zur Verfälschung der Trimmergebnisse führen, wurden sie gewogen und am Modell durch kleine Bleigewichte ersetzt. Vorne waren es 105 g und achtern 114 g – das mag zunächst geringfügig erscheinen, aber bei der Feintrimmung entscheiden letztlich nur noch 20- und 10-g-Gewichte. Zur Vorbereitung brachte ich schließlich noch an Bug und Heck Sicherheitsleinen an, denn die Praxis ist nicht selten mit Überraschungen gespickt. Man kann sich nie sicher sein, wie sich ein unausgetrimmtes U-Boot-Modell bei erster Wasserung verhält. Am Bootssteg gab es 1,8 m Tiefe. Doch nun war es endlich so weit: Der Stapellauf konnte vollzogen werden. Wie auf einigen Bildern zu erkennen ist, hat das Modell vor der 8,8 cm SK und hinter der 3,7 cm SK ein Heißauge. Mit zwei 30 cm langen Spezialhaken, die oben mit Griffen versehen sind, hievte ich das Modell hoch und ließ es vorsichtig zu Wasser. Erst als sicher war, dass es wirklich schwimmt, wurde ausgeklinkt. Diese Methode wende ich inzwischen bei all meinen gewichtigen Modellen an. Es ist vor allem für ältere Modellkapitäne eine bequeme und das Kreuz schonende Methode, was sich erst richtig bemerkbar macht, wenn es daran geht, das Modell wieder aus dem Wasser zu heben.

Mit Zufriedenheit wurde festgestellt, dass das U-Boot schwimmt. Wie erwartet war der Gesamtauftrieb zu klein, sodass das Modell trotz des leeren Tauchtanks viel zu tief im

Wasser lag, außerdem kam noch eine Hecklastigkeit dazu. Für einen Erstversuch war das jedoch keinesfalls außergewöhnlich oder gar schlecht. Ohne an den Trimmauftrieben oder Trimmgewichten etwas zu verändern, wurde zunächst einmal vorsichtig geflutet, um das Anfangsverhalten des Modells kennen zu lernen. Wegen des fehlenden Auftriebs bzw. des zu geringen Restauftriebs tauchte das Modell unter die Wasseroberfläche, obwohl nicht einmal die Hälfte des Tauchtanks geflutet war. Darin sah ich die Bestätigung für die Richtigkeit der Vorausberechnungen. Kaum unter der Wasseroberfläche, begann das Modell sich nach achtern zu neigen. Durch sofortiges Lenzen wurde aufgetaucht, um mit den Trimmarbeiten zu beginnen. Das aufgetauchte Modell musste also durch zusätzlich Trimmauftriebe höher aus dem Wasser gehoben werden. Die Freibordhöhe sollte so weit angehoben werden, dass die verfügbare Kapazität des Kolbentanks voll für den Restauftrieb genutzt wird.

Der hier eingebaute Kolbentank hat ein nutzbares Flutvolumen von 2.390 cm³ bzw. 2,39 kg Wasser. Davon sollten etwa 300 g als Untertriebsreserve belassen werden. Das bedeutet, dass das Gesamtgewicht aller Auftauchteile nicht größer als 2.100 g sein durfte. Schon aus diesem Grund wurden sie während des Bauens exakt gewogen und die Gewichte in einer Tabelle aufgeschrieben. Freibord- und Oberdeckaufbauten wiegen bei der Bugsektion 410 g, bei der Zentralsektion 380 g und bei der Hecksektion 350 g. Der Kommandoturm komplett mit Flak 30, Antennen und Teleskopsehrohr wiegt 580 g und alle sonstigen Kleinteile wie Netzsägebock, hintere Antennenböcke usw. 110 g. Die Artilleriebestückung bringt mit der 8,8 cm SK 140 g und mit der 3,7 cm SK 80 g auf die Waage. Das vorgegebene Gesamtgewicht dieser Auftauchteile wurde also nicht nur eingehalten, sondern sogar mit 50 g unterboten. Beim Austrimmen konnte somit der Gesamtauftrieb so weit erhöht werden, dass die festgelegte Konstruktionswasserlinie in etwa eingehalten wird. Die Badewanne war natürlich zu klein, um an den Auftriebskörpern etwas dimensionieren zu können. Deshalb habe ich die Trimmauftriebskörper direkt am Teich aus den großen Formteilen der Fernseherverpackung mit einem scharfen Messer herausgeschnitten. Die Breite wurde wieder so gewählt, dass die Polystyrol-Teile zunächst von oben eingesetzt und provisorisch zwischen den Spanten festgeklemmt werden konnten. Dies wurde wechselseitig vorne und achtern durchgeführt, bis der Aluminiumaufbau so weit über die Wasseroberfläche hinausragte, dass sowohl die Konstruktionswasserlinie erreicht war als auch die Längsachse waagrecht lag. Während dieser Arbeiten blieb das Modell im Wasser liegen.

Nun konnte erneut geflutet werden, ohne dabei den Antriebsmotor einzuschalten. Das Modell begann sich gleichmäßig abzusenken. Als das Wasser etwa 3 cm über Deck stand, wurde der Flutvorgang gestoppt. Das Modell blieb exakt in dieser „Tiefe“ waagrecht liegen, ohne weiter abzusinken. Alles O.K. – weiter fluten! Als die Turmoberkante nur noch 1 cm über der Wasseroberfläche lag, unterbrach ich den Flutvorgang erneut. Siehe da, das U-Boot-Modell blieb an diesem winzigen Restauftrieb „hängen“, tauchte keinen Millimeter weiter ab und blieb immer noch stabil in waagrechter Lage. Es musste nun nur noch ganz geringfügig geflutet werden, und das Modell tauchte vollständig unter Wasser. In diesem Moment war der eingeleitete Sinkvorgang nicht mehr aufzuhalten und außerdem sank es achtern schneller als vorne.

Jetzt erst begannen die vorne beschriebenen physikalischen Einflussfaktoren voll zu wirken. Außerdem musste festgestellt werden, dass der Kolbentank unerwartet fast zu 100% geflutet war. Die geplante Untertriebreserve war also zum normalen Untertauchen aufgebraucht. Schon wieder etwas Neues! Woran lag das? Waren die Berechnungen falsch? Nein, sie waren richtig, denn die Ursache war schnell gefunden. Die so genannten Überwasserteile werden nämlich, wie eingangs festgestellt, beim

**Das Austrimmen ist fast abgeschlossen, der Tauchtank etwa zu 80% geflutet und das Modell „hängt" an der Turmoberkante.**

Untertauchen um den Gewichtsanteil leichter, der von ihnen an Wasser verdrängt wird. Alle diese Teile erfahren laut Archimedes beim Eintauchen einen Auftrieb im Umfang des von ihnen verdrängten Wassers. Aus reinem Interesse habe ich diese Auftriebe nachträglich nach dem Prinzip der hydrostatischen Waage ermittelt. Sieh da, der Turm brachte einen Auftrieb von 210 g, die 8,8 cm SK 40 g und die 3,7 cm SK 20 g. Die Teile vom Decksaufbau bringen trotz 0,8 mm Dicke zwar auch noch Auftriebsanteile, aber auf einen nochmaligen Abbau wurde verzichtet. Damit ließ sich auch das Abkippen nach achtern erklären, weil der Auftrieb vor dem Gewichtsschwerpunkt, also durch Turm und 8,8 cm SK, etwas größer war als achtern. Da dies erst nach dem völligen Untertauchen wirksam wird, ist vorher davon überhaupt nichts zu spüren. Das Ganze war nur der Tatsache geschuldet, dass ich auch in dieser Frage meine eigene Grundregel Nummer 3 vernachlässigt hatte, dass grundsätzlich bei jeder Berechnung und Projektierung vom Zustand des getauchten U-Boot-Modells auszugehen ist. Die Konsequenz bestand darin, dass das wirksame Gesamtgewicht um knapp 300 g vergrößert bzw. der Gesamtauftrieb um knapp 300 g verkleinert wurde. Dies hatte aber keinen negativen Einfluss auf das Erscheinungsbild bei Überwasserfahrt. Die letzten Feinheiten sind nur zu realisieren, wenn das Modell vollständig unter Wasser liegt, d.h. fluten, tauchen, verändern, lenzen usw. Dabei verwendet man nur noch kleine Bleigewichte mit 5–10 g.

## Probefahrt

Alle Vorbereitungsarbeiten waren nun abgeschlossen. Jetzt konnten die provisorisch eingebrachten Trimmgewichte und Trimmauftriebe in der Werkstatt sauber und fest eingebaut werden. Der größte Teil davon wurde mit Epo-

**Nun, nach dem Austrimmen, kommt der eigentliche Stapellauf.**

**Das vierte U-Boot-Modell ist klar zum Fahren und Tauchen.**

**Zum ersten Mal auf großer Fahrt**

xydharz eingeklebt, ein paar kleinere Gewichte und Auftriebskörper jedoch verschraubt, damit im Bedarfsfall, beispielsweise bei Nachrüstungen oder Umbauten, immer noch Variationsmöglichkeiten bestehen. Dann schraubte ich die Decksplatten auf Bug- und Hecksektion. Mit einem Automatiklader mit 1 A Ladestrom und 13,8 V Ladeschlussspannung wurden nun die Akkus im Modell neu aufgeladen. Die beiden Lukendeckel der Zentralsektion werden zu diesem Zweck abgeschraubt, sodass eine gute Be- und Entlüftung möglich ist. Ich habe es bereits anderer Stelle gesagt und wiederhole hier noch einmal, dass Bleiakkus niemals im geschlossenen Modell geladen werden dürfen! Auch wenn der Hersteller angibt, dass die Bleiakkus wartungsfrei und gasdicht sind, ist eine Entgasung durch Überladung oder durch Defekte nie auszuschließen. Wenn ein Bleiakku Gas abgibt, wird Wasserstoff freigesetzt, der sich mit der Innenluft des Modells zu hoch explosivem Knallgas mischt. Ein kleiner Funke am Hauptschalter oder am Kollektor des Motors genügt, um das Modell wie eine Bombe explodieren zu lassen. Die Luken meiner Modelle sind daher grundsätzlich offen. Sie werden nur während des Fahr- und Tauchbetriebs am Teich geschlossen. Die letzte Ladung vor dem Einsatz erfolgt mindestens einen Tag vorher. Dann aber wird der Rumpf vor dem Verschließen von vorne nach hinten, oder umgekehrt, durchgeblasen. Nicht umsonst wird hier doppelt warnend auf diese Gefahr hingewiesen. Jeder U-Boot-Modellkommandant muss dies ernst nehmen. Es dient seiner Sicherheit und der Sicherheit anderer. Vor allem bewahrt es vor der Selbstzerstörung des Modells.

Nun aber los! Die Haken in die Heißösen und ins Wasser mit dem Ding. Kurze Erprobung der Schaltfunktionen ist anzuraten, denn die unerwarteten Vorführeffekte sind hinreichend bekannt. Seitenruder o.k., Tiefenruder o.k., Tauchtankmotor o.k., Antriebsmotor läuft vorwärts und rückwärts. Erst halbe, dann volle Kraft voraus. Das Boot macht Fahrt, ohne zu schnell oder zu langsam zu sein. Die großen Originale waren keine Renner und auch dem Erscheinungsbild des Modells tut es nicht gut, wenn es wie ein Schnellboot auf dem Teich umherflitzt. Der Wenderadius ist etwas groß, aber noch verträglich. Natürlich erwartet man bei der Modelllänge nicht die Wendigkeit eines Fischkutters, aber auf einem Miniteich hat man schon seine Probleme. Aus gutem Grund hatte ich nur einen Propeller, aber eine Kort-Düse vorgesehen, hinter der ein vergrößertes Ruderplatt im Propellerstrom steht.

Nach einigen Runden und ein paar Fahrmanövern wurde zunächst geflutet, ohne dabei Fahrt zu machen. Das Sehrohr war um 40 cm ausgezogen. Das Modell begann zu sinken und wieder unterbrach ich das Fluten, als der Turm nur noch ein kleines Stück aus dem Wasser ragte. Wieder blieb es in dieser Position „hängen", dann noch ein wenig geflutet und es verschwand unter der Wasseroberfläche. Am Periskopkopf des Sehrohres konnte ich trotz trübem Fischgewässer das Absinken beobachten. Im Moment des Verschwindens wurde gelenzt, aufgetaucht und das Modell zum Landungssteg geholt.

Mit einem dünnen Aluminiumdraht verlängerte ich provisorisch das ausgezogene Sehrohr auf insgesamt 1,1 m und wiederholte den gleichen Tauchvorgang bei einer Wassertiefe von etwa 1,8 m. Das Modell tauchte statisch ab und sank, bis das Teleskoprohr ganz verschwand und das weitere Absinken am Aluminiumdraht zu beobachten war. Plötzlich endete der Sinkvorgang und der Aluminiumdraht stieg wieder ein paar Zentimeter höher. Aus exakt bemessener Länge war ich mir sicher, dass das Modell noch nicht den Grund erreicht haben konnte. Am Steuerknüppel wurde erneut auf Fluten geschaltet. Der Aluminiumdraht ging wieder ein paar Zentimeter tiefer, blieb erneut stehen und hob sich dann wieder um ein paar Zentimeter. Mit zufriedener Miene konnte ich feststellen, dass die Tauchtiefenbegrenzung voll

Fluuuten! – Der Bug taucht bei halber Fahrt ab.

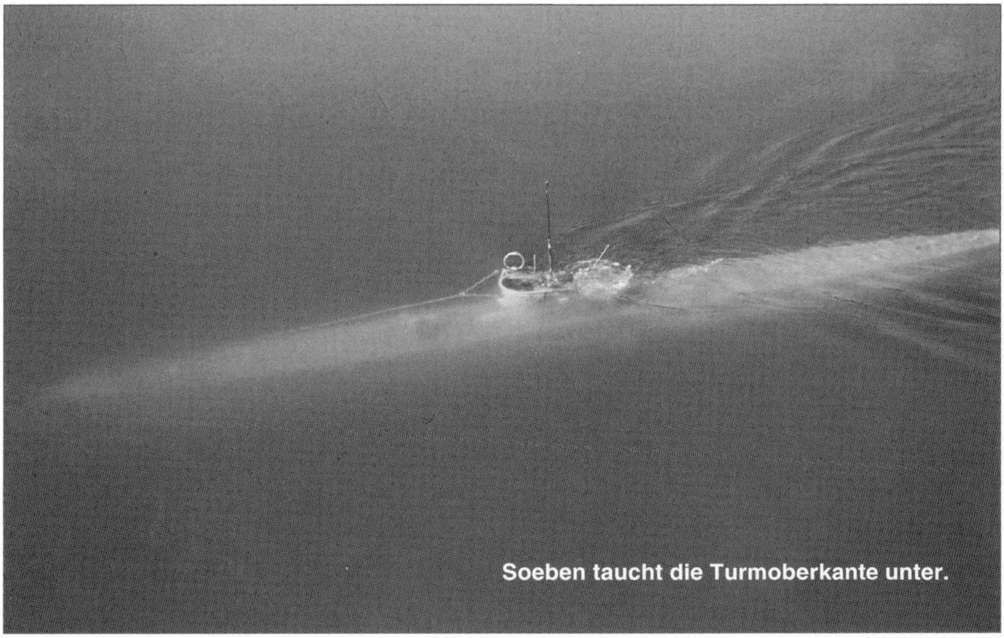


funktionstüchtig war. Die Nachmessung ergab, dass das Modell mit der Turmoberkante etwa 70 cm unter der Wasseroberfläche lag und von dort nicht weiter sinken konnte. Ein paar Zentimeter Pendeldifferenz kommen zustande, weil die Federvorspannung im Mikroschalter einen kleinen Rückwärtshub benötigt, um den Relaisstrom wieder zu unterbrechen. Die an der Druckmembran eingestellte Tauchtiefe wurde zunächst belassen. 70 cm zwischen Wasseroberfläche und Turmoberkante plus 40 cm zwischen Turmoberkante und Rumpfbasis ergeben zusammen 1,1 m. Dies schien zunächst als Tauchfahrtbereich ausreichend zu sein. Die Gewässer, in denen dieses Modell auf „Große Fahrt“ geht, lassen unter 50 cm Tauchtiefe ohnehin keinen Sichtkontakt zu.

Nun erst wurde das Tauchen während der Fahrt erprobt und geübt. Es hat sich als günstig erwiesen, zuerst auf etwa 50% vorzufluten und dann während der Fahrt das Tiefenruder anzukippen. So erscheint es am vorbildähnlichsten. Das Oberdeck der Bugsektion geht unter Wasser und die Bugwelle bricht sich dann am Turm, bis auch dieser unter die Wasseroberfläche taucht. Dabei wird der Flutvorgang aufrechterhalten, bis die Turmoberkante eintaucht. Würde dann weiter geflutet, wäre das Modell bei Handsteuerung mit ca. 300 g Untertrieb kaum auf Sehrohrtiefe zu halten. Es ist ohnehin nicht so leicht, per Hand auf Sehrohrtiefe zu fahren, denn der Sehrohrkopf muss immer ein paar Zentimeter sichtbar sein, um das Modell einigermaßen auf konstanter Tiefe zu halten. Ist der Sehrohrkopf erst einmal verschwunden, hat man keine Kontrolle mehr. Dann kann nur noch sofortiges Lenzen helfen.

Natürlich gibt es viel elegantere Lösungen und technisch-elektronische Schalt- und Regelsysteme für U-Boot-Modelle. Allein von Norbert Brüggen werden Modell-U-Boot-Spezialitäten entwickelt und vertrieben, mit denen man perfekt ausgeklügelte Tauch-, Steuer- und Regelsysteme mit vorgefertigten GFK-Sätzen oder Baukästen kombinieren und ganze U-Boot-Modelle komplettieren kann. Entsprechend vorgegebener Zielstellung war dies nicht Gegenstand meines Buches. Wie bereits im

**Auftauchen! – Bug und Turm durchbrechen die Wasseroberfläche.**

**Jedes Auftauchmanöver hat etwas Faszinierendes.**

**Aus der Kai-Perspektive erscheint alles sehr realistisch.**

Vorwort angekündigt, ging es hier primär um das Selbermachen mit eigenen und einfachen Mitteln, also darum, ein U-Boot-Modell selbst zu bauen mit dem, was man hat, und mit dem, was man kann. Nur Teile oder Baugruppen, die darüber hinausgehen, sollten zugekauft werden. Es muss nicht jeder Werkzeugmacher, Feinmechaniker oder Elektroniker sein, aber jeder Modellbauer ist ein Bastler, der sich zu helfen weiß. In diesem Sinne hat dieses Buch seinen Zweck erfüllt.

## Einige Gedanken zum Materialkauf

Bei aller Liebe zum Selbermachen kann man auf den Zukauf von Grundmaterialien sowie verschiedenen Mechanik-, Elektronik- und Beschlagteilen nicht verzichten. Das Sortiment der Hobby- und Modellbauindustrie ist aber derart groß und breit, dass dem Modellbauer Auswahl und Kaufentscheidung nicht immer leicht gemacht werden. Ein gewichtiger Stapel Hersteller- und Händlerkataloge zeigen bunt, werbend und glänzend eine unüberschaubare schöne Hobbywelt, der man kaum widerstehen kann.

Natürlich wollen alle Anbieter ihre Produkte verkaufen, und die Verführungskünste der Marketingstrategen sind größer, als es unsere Modellbaukasse verkraften kann. Da muss man mitunter sehr standhaft sein. Man muss abwägen, was man unbedingt braucht, was man kaufen muss, was man kaufen kann und was im Eigenbau entstehen soll. Ebenso wichtig ist die Frage, was man wo kauft.

Die alten Hasen unseres Hobbys kennen sich natürlich gut aus und haben seit Jahren die ganze Entwicklung auf breiter Basis verfolgt und kennen gelernt. Für die Einsteiger ist das nicht so einfach. Die werden zunächst von Angebot und Werbung regelrecht erschlagen. Deshalb stehen Informationssammlung und Marktstudium an erster Stelle. Große Fachmessen wie Dortmund, Sinsheim usw. bieten dazu sehr gute Möglichkeiten. Dort kann man nahezu alle einschlägigen Fabrikate, Fachbücher und Fachzeitschriften kennen lernen. Es ist ein guter Rat, sich alle wichtigen Kataloge, Produktinformationen und Neuheitenprospekte zuzulegen und sich dabei nicht durch eventuelle so genannte Schutzgebühren abhalten zu lassen. Später, wenn man beim Lieferanten als zahlender Kunde gespeichert ist, werden alle neuen Katalogausgaben und alle Restelisten- und Sonderangebote kostenlos ins Haus kommen. Erfahrungsgemäß konzentriert sich der ernsthafte Modellbauer nach und nach auf einige bevorzugte Quellen.

Im Übrigen werden in den namhaften Fachmagazinen des Schiffsmodellbaus viele Marktneuheiten vorgestellt sowie Informationen und Werbeanzeigen veröffentlicht. Ein solches Fachmagazin im Abonnement zu beziehen kann meinerseits wärmstens empfohlen werden. Für Sammeleinkäufe mit einem eventuellen Mengenrabatt ist außerdem die Mitgliedschaft in einem Verein vorteilhaft. Aber letztlich muss sich jeder selbst im Umfang seiner Modellbaubedürfnisse sachkundig machen.

Was grundsätzlich gekauft werden muss, sind die so genannten Halbzeugmaterialien. Das betrifft z.B. Aluminium- und Kupferblech, Leiterplattenmaterial, Sperrholz, Kleber, Kunstharz, Glasseide, Messingprofile, Lackfarben, mechanische und elektronische Bauelemente usw., usw. Sofern kleine Mengen oder kleine Stücke gebraucht werden, wie es bei einem allein bauenden Hobbyfreund für nur ein einzelnes Modell der Fall ist, kann es ratsam sein, beim Fachhändler zu kaufen. Dort ist ein 20 cm langes Stück Aluminiumblech zwar vielleicht relativ teuer, aber was tut man mit einen ganzen Quadratmeter, selbst wenn er im Dezimeterpreis niedriger liegt. Geht es aber um größere Mengen, so sind Großhändler, Baumärkte oder Handwerksbetriebe zu empfehlen. In unseren Verein bestellen wir z.B. mehrere Quadratmeter Sperrholz und bezahlen dadurch flächenanteilig 50–60% weniger als beim Einzelhandel. Der Weißleim wird im 5-kg-Eimer im Baumarkt gekauft und auch bei Kunstharz, Lackfarbe, Leiterplattenmaterial, Kabelleitungen bis hin zu Schaltern, Akkus, Servos usw. erzielen wir verbilligende Mengenrabatte.

Für den Bau der hier beschriebenen U-Boot-Modelle wurden beispielsweise diverse Mengen Aluminiumblech gebraucht. Im Modellbaufachhandel werden nur kleine Stücke mit höchstens 500 mm Länge angeboten und beim Spezialversandhandel ist es wegen der Postversandgrößen auch nicht anders. In einem Betrieb des Klempnerhandwerks waren dagegen Tafeln mit 2.000 mm Länge und 1.000 mm Breite zu bekommen, wobei umgerechnet der Quadratzentimeter um mehr als 60% billiger war.

Wenn es um den Materialkauf geht, so müssen auch Schrauben, Muttern, Scheiben, Buchsen, Gewindestangen, Kugellager, Zahnräder und ähnliche Teile genannt werden. In den Baumärkten werden Normteile meistens von 3 mm aufwärts angeboten, für den Größenbereich von M1 über alle Feinabstufungen bis M2,5 ist man ganz auf den Fachhandel angewiesen. Soweit es mir bekannt ist, werden Kleinstschrauben und Zubehör z.B. von Harhaus in Wuppertal, Rothe in Knittlingen, Schullern in Freilassing und Hüttl-Wagner in Niederkrüchten geliefert. Weitere Bezugsquellen entnehme man dem Anzeigenteil der einschlägigen Fachpresse. Kaufen muss man erst recht alle Artikel der Elektrotechnik und Elektronik, jedoch gibt es hier diverse Spielarten. Manche Modellbauer kaufen nur Einzelbauelemente wie Widerstände, Kondensatoren, Dioden, Transistoren, Schaltkreise usw. und bauen alles selbst auf. Andere wieder erwerben Bausätze für Polumschalter, Kanalschalter, Spannungsregler usw. oder auch fertige Bausteine und Baugruppen bis hin zur kompletten Tauchtanksteuerung, Lage- und Tiefenreglung und anderes mehr. Und dann geht es ja auch noch um Fernsteueranlagen, Akkus, Motoren, Getriebe,

Tauchtanks oder sogar um komplette U-Boot-Baukästen ... Man sieht, dass alles in allem der Materialzukauf recht umfangreich und teuer werden kann. Wenn man da den Verführungskünsten der Hersteller und Händler unterliegt, ist die Modellbaukasse schneller leer, als man denkt. Deshalb macht der Eigenbau nicht nur Freude, sondern spart auch Geld.

Wenn endlich klar ist, was gekauft werden soll, stellt sich die Frage nach dem Lieferanten. Da ist guter Rat nicht nur teuer, sondern zum Teil auch schwierig. Bezugsquellen gibt es sehr viele und ich sehe mich außerstande, hier eine Vorzugsliste an Herstellern und stationären oder Versandhändlern zu präsentieren. Man kann wohl heute davon ausgehen, dass die angebotenen Produkte kaum Qualitätsunterschiede aufweisen, denn wer vom üblichen Niveau negativ abweichen würde, könnte sich am Modellbaumarkt nicht behaupten. Wenn ich also eines der namhaften Fabrikate als das Beste empfehlen würde, täte ich gleichzeitig den anderen unrecht. Hier muss jeder Modellbauer seine persönliche Entscheidung treffen, seine eigenen Erfahrungen sammeln und seinen Einkaufsweg finden. Meine folgenden Nennungen möchte ich daher nur als persönliche Vorliebe, nicht aber als Empfehlung verstanden wissen. Neben einigen Spezialerzeugnissen der Tauchtechnik, U-Boot-Technik und Bausatzangeboten bis hin zum Baukasten, wie sie beispielsweise von Brüggen, Engel, Hasse usw. angeboten werden, bevorzuge ich den Spezialversandhandel mit besonders breitem Artikelsortiment. Die Versandkataloge von Harhaus und Conrad bieten eine Erzeugnispalette an, die fast den kompletten Modellbaubedarf abdeckt. Harhaus hat neben den Produkten aus eigener Fertigung auch alle wichtigen Artikel namhafter Hersteller im Lieferprogramm. Dazu gehören z.B. Graupner, Krick, Aeronaut, Simprop, Webra, Tamiya, Kyosho und mehr als 40 weitere Hersteller. Ähnlich verhält es sich mit dem Sortiment von Conrad. Dort findet man ein sehr breites Sortiment der Elektronik und Elektrotechnik, aber auch viele Artikel der Mechanik und des Modellbaus von Schrauben, Muttern, Scheiben über Zahnräder und Getriebe bis hin zu Fernsteuerungen und Zubehör, Kugellager, Poller, Schiffswellen usw., usw. Für mich und meine Wohnlage ist dies der günstigste Weg, um von extrem wenig Adressen extrem viele Artikel zu bekommen.

Sicherlich ist es auch vorteilhaft, wenn man ein gut und reichlich sortiertes Fachgeschäft in der Nähe hat. Dort bekommt man obendrein eine fachlich fundierte Beratung, und was im Laden nicht gleich verfügbar ist, wird durch den Fachhändler auf kurzem Wege relativ schnell beschafft.

# Was nun?

Wieder einmal ist ein Modell fertig geworden. Der Bau des vierten U-Boot-Modells hat von der Kiellegung bis zum Stapellauf nur neun Monate gedauert. Mit Begeisterung, Geduld und Ungeduld wurden Lösungen gesucht, Möglichkeiten erprobt und Bauetappen absolviert. Ich selbst rechne mich zu den Schiffsmodellfreunden, die am Bauen mehr Freude haben als am Fahren. Trotzdem macht das U-Boot-Fahren mehr Spaß als das Steuern eines normalen Schiffsmodells. Die Probefahrten waren erfolgreich und es ist ein Vergnügen, am Karpfenteich U-Boot-Kommandant zu spielen. Nicht zuletzt ist es ein Erfolgserlebnis, wenn alle Ideen und Wünsche in der Praxis erfolgreich verwirklicht sind. Es ist ein befriedigendes Gefühl, wenn man das neue U-Boot-Modell neben seinen anderen Modellen genüsslich be-

**Zufrieden streicht der Blick über das fertige Modell.**

**Ebenfalls ein attraktives Bild – backbordseits von achtern betrachtet.**

**Mit dem Erscheinungsbild bin ich sehr zufrieden, an den Innereien könnte man aber noch was verbessern.**

**Das etwas tiefer liegende Heck zeigt, dass der Tauchtank nicht zu 100% gelenzt ist.**

**Dieses Modellbauprojekt ist abgeschlossen, mit positivem Ergebnis. Was baue ich als Nächstes?**

trachten und mit den Augen auf dem Deck spazieren gehen oder auf den Kommandoturm steigen kann. Natürlich muss man auch stillschweigend genießen können, wenn das selbst gebaute U-Boot-Modell auf dem Ausstellungstisch oder am Teich bei Vorführungen von Zuschauern bewundert wird. Da macht das bescheidene Auftreten des Erbauers immer noch einen besseren Eindruck, als erhabene oder gar überhebliche Kommentare zu laienhaften Fragestellungen interessierter Zuschauer abzugeben. Wer kennt sie nicht, die so oft gestellten Fragen: Haben Sie das selber gebaut? Wie funktioniert denn das mit dem Tauchen? Wo kann man solch ein Buggeschütz kaufen? Was kostet solch ein Modell? ... Der Schiffsmodellbauer ist Fachmann, aber die wenigsten Zuschauer sind Schiffsmodellbauer. Gerade deshalb muss man immer daran denken, dass aus vernünftig beantworteten Fragen beim Laien der Wunsch entstehen kann, es auch einmal mit Schiffs- oder gar U-Boot-Modellen zu probieren. Man sollte ihnen zureden sowie Unterstützung und Hilfestellung gewähren.

Doch zurück zum Thema, zum neuen und fertigen Modell. Die befriedigende Freude am Erreichten hält nicht lange an. Jeder eingefleischte Modellbauer kennt diese Situation. Was nun? Was baue ich jetzt? Nichts ist langweiliger als ein fertiges Schiffsmodell. Schon zu Zeiten, als beim Verlag noch die Druckvorbereitungen zu diesem Buch liefen, war längst die Kiellegung zu einem neuen Schiffsmodell vollzogen, denn die schöpferische Unruhe des Hobbybastlers ist nicht zu unterdrücken. Zur Abwechslung kommt zwar erst einmal ein Landungsschiff an die Reihe, aber mit U-Booten ist es noch nicht aus. Das U-18-Pseudomodell ist zwar das Beste von meinen U-Booten, aber gerade aus diesem Grunde verdient es weitere Verbesserungen. Es soll elektronisch modernisiert und mit noch besserer Tauchtanksteuerung, Lageregelung und Magnetschaltung nachgerüstet werden.

Damit aber nicht genug. Wenn es die Gesundheit erlaubt, entsteht eines Tages noch ein Spezial-U-Boot bzw. ein Tiefseeforschungs-U-Boot. Mit einem plakativen gelb-schwarz-orangen Anstrich versehen, wird es nach den englischen und amerikanischen Vorbildern ohne Stromlinienverkleidung vom Steuergestänge über externe Ballast- und Auftriebstanks bis hin zu den Scheinwerfern und Greifarmen alle äußerlich sichtbaren Anbauten haben. Da kann man nach Herzenslust dem Bauvergnügen frönen und es bleibt viel Platz für eigene Kreativität.

Sicherlich gibt es auch dann wieder diverse Materialzukäufe, aber das Anliegen dieses Buches, nämlich das Selbermachen, wird nach wie vor im Vordergrund stehen. Das und nur das ist das Grundanliegen des Hobbybastlers. In erster Linie aus diesem Grund bin ich ein Schiffsmodellfreund, der mit Herz und Seele, mit Lust und Liebe Schiffsmodellbauer war und bleiben wird. In diesem Sinne allen Lesern viel Freude und Erfolg bei diesem wunderbaren Hobby.

# Anhang

## Literaturhinweis Fachbücher

Diese Auflistung enthält nur solche Bücher, die im Besitz des Autors sind bzw. im Rahmen seines Hobbys verwendet werden. Sie erhebt daher keinen Anspruch auf Vollständigkeit und schließt nicht aus, dass es noch andere gute Fachbücher für den U-Boot-Modellbau gibt.


**Bagnasco, Erminio:** U-Boote im 2. Weltkrieg, Technik – Klassen – Typen, eine Enzyklopädie. Motorbuchverlag, Stuttgart

**Breyer, Siegfried; Koop, Gerhard:** Die Deutsche Kriegsmarine 1935–1945. Weltbildverlag, Augsburg

**Brüggen, Norbert:** Technik der U-Boot-Modelle. Verlag für Technik und Handwerk, Baden-Baden (Best.-Nr. 310 2036)

**Dallies-Labourdette, Jean-Philippe:** Eine Bildchronik 1935–1945. Motorbuchverlag, Stuttgart

**Füller, Walter:** U-Boot-Modelle ferngesteuert. Verlag für Technik und Handwerk, Baden-Baden (Best.-Nr. 310 2041)

**Gabler, Ulrich:** Unterseebootbau. Bernard & Graefe Verlag, Bonn

**Harhaus, Helmut:** Elektrik und Elektronik für Schiffsmodellbauer. Verlag für Technik und Handwerk, Baden-Baden (Best.-Nr. 310 2023)

**Köhl, Fritz; Niestlé, Axel:** Vom Original zum Modell: Uboottyp VII C. Bernard & Graefe Verlag, Bonn

**Köhl, Fritz; Niestlé, Axel:** Vom Original zum Modell: Uboottyp IX C. Bernard & Graefe Verlag, Koblenz

**Köhl, Fritz:** Vom Original zum Modell: Uboottyp XXI. Bernard & Graefe Verlag, Koblenz

**Mallmann-Showell, Jak P.:** Uboote gegen England, Kampf und Untergang der deutschen Uboot-Waffe 1935–1945. Motorbuchverlag, Stuttgart

**Rockrohr, Christian:** Funkfernsteuern für Praktiker. Verlag für Technik und Handwerk, Baden-Baden (vergriffen)

**Rössler, Eberhard:** Die Unterseeboote der Kaiserlichen Marine. Bernard & Graefe Verlag, Bonn

**Rössler, Eberhard:** Vom Original zum Modell: Die großen Walter-Uboote Typ XVIII und Typ XXVI. Bernard & Graefe Verlag, Bonn

**Rössler, Eberhard:** Vom Original zum Modell: Uboottyp II – Die Einbäume. Bernard & Graefe Verlag, Bonn

**Slansky, Günther:** Bautechniken für Schiffsmodelle. Verlag für Technik und Handwerk, Baden-Baden (Best.-Nr. 310 2096)

**Slansky, Günther:** Details für Marinemodelle. Verlag für Technik und Handwerk, Baden-Baden (Best.-Nr. 310 2072)

**Slansky, Günther:** Schiffsmodellbau nach Bauplan. Der Weg zum meisterhaften Modell. Verlag für Technik und Handwerk, Baden-Baden (Best.-Nr. 310 2045)

# Literaturhinweis Fachzeitschriften

Berichte zum Thema U-Boot-Modelle, die in den Fachzeitschriften „Schiffspropeller“ (abgek. SP) und „ModellWerft“ (abgek. MW) seit 1991 bis zu Redaktionsschluss für dieses Buch erschienen. Eine Auflistung zuvor veröffentlichter Berichte findet man im Fachbuch „Technik der U-Boot-Modelle“ von Norbert Brüggen.


| | |
|---|---|
| SP 04/91 | A. Genter: Alpenmolch II |
| SP 04/91 | G. Thieme: Tauchen mit flexiblem Tank |
| SP 06/91 | K. M. Tischer: Tauchen – wie die Alten tauchten |
| SP 02/92 | M. Baumgärtner: Axolotl |
| MW 02/93 | V. Steiner: Tauchtechnik im Modell – Ein Vergleich der Systeme |
| MW 03/93 | U. Loehl: Unterseeboot OHIO |
| SP 05/93 | M. Kopp: Baukastenmodell Deep Dive VI |
| SP 02/94 | W. Seel: U 880 – Typ IX C |
| SP 03/94 | W. Surrey: U 2540 – Typ XXI |
| SP 04/94 | W. Surrey: Ausfahrmechanik für Tiefenruder der U 2540 |
| SP 01/95 | K. M. Tischer: Tauchen mit Treibgas |
| SP 06/95 | N. Brüggen: Forelle – Versuchsboot von 1902 |
| SP 07/95 | Marktspiegel: Der neue Brüggen-Regler |
| MW 07/95 | Th. Feige: Ein U-Boot auf den Sand gesetzt, Typ VII C – U 995 in Laboe |
| SP 10/95 | R. Gerlach, N. Brüggen: Das schnellste U-Boot der Welt, die russische Alpha-Klasse |
| SP 06/96 | M. Schröder: U-Boot TR 1700 |
| MW 09/96 | M. Colpien: U-Boot XXVI |
| MW 10/96 | Ch. Lange: U-Boot H.M.S. C 25 |
| MW 11/96 | M. Colpien: U-Boottyp XXVI W |
| MW 01/97 | H. Weissenbacher: Flüssigkeits-Lageregler |
| MW 09/97 | K. M. Tischer, H. Lagger: Tauchfahrt mit neuer Technik |
| MW 09/97 | D. Johanson: Deutsche Kleinst-U-Boote im Modell |
| MW 02/98 | M. Zuru: Entwicklungsgeschichte der US-Atom-U-Boote Teil 1 |
| MW 04/98 | M. Zuru: Entwicklungsgeschichte der US-Atom-U-Boote Teil 2 |
| MW 05/98 | M. Zuru: Entwicklungsgeschichte der US-Atom-U-Boote Teil 3 |
| MW 06/98 | M. Zuru: Entwicklungsgeschichte der US-Atom-U-Boote Teil 4 |
| MW 06/98 | M. Zuru: Pläne für amerikanische und russische U-Boote |
| MW 11/98 | Th. Feuchter: Ein Wasserfloh, der tauchen kann |
| MW 12/98 | J. Pelka: Deutsche Kleinst-Unterseeboote im 2. Weltkrieg |
| MW 04/99 | D. Johanson: Deutsche Kleinst-Uboote im Modell – der Molch |
| MW 05/99 | Th. Feuchter: XÜD1 – Das U-Boot aus dem Überraschungsei |
| MW 09/99 | D. Tomazic: Delphine und andere „Fische“ – Ein Kleinst-U-Boot aus dem Baukasten |
| MW 09/99 | M. Ufer: Tauchen ohne Tank |
| MW 11/99 | A. und J. Kalvari: U-Boot für Einsteiger, U 47 von Robbe |
| MW 12/99 | G. Emmerich: U-4-97 – eine nostalgische Episode |
| MW 04/00 | M. Elsässer: U-Boot mit Platz für Ideen – Verbesserungen an Robbes U 47 |
| MW 07/00 | M. Elsässer: U-Boot mit Platz für Ideen – Das Robbe U 47 lernt statisch tauchen |
| MW 08/00 | R. Schörner: U-Boot mit Platz für Ideen – Die Alterung von Robbes U 47 |
| MW 08/00 | D. Tomazio: Fluuten!! – U 171 „Hecht“ von $32^{nd}$ Parallel |
| MW 09/00 | R. Bünder: Gefahr aus der Tiefe – USS „Lafayette“ SSBN616 |
| MW 10/00 | J. Pelka: Deutsche Kleinst-U-Boote im Zweiten Weltkrieg – Unterwassersprengboot „Delphin“ |
| MW 11/00 | R. Wey: Tauchboot mit Handantrieb, CSS „H. L. Hunley“ aus dem Jahre 1863 |
| MW 12/00 | S. Schmitz: Der lange Weg zur V 80 |

## Bezugsquellen

**Norbert Brüggen**
Benderstraße 39
D-41065 Mönchengladbach
Tel.: (0 21 61) 48 18 51, Fax: (0 21 61) 4 39 83
Internet: www.modelluboot.de
E-Mail: norbert@modelluboot.de

**Conrad Electronic**
Klaus-Conrad-Straße 1
D-92240 Hirschau
Tel.: (01 80) 5 31 21 11, Fax: (01 80) 5 31 21 10
Internet: www.conrad.com

**Alexander Engel Modellbau**
Postfach 11 33
D-75434 Knittlingen
Tel.: (0 70 43) 93 52-0, Fax: (0 70 43) 31 54 8
Internet: www.engel-modellbau.de
E-Mail: info@engel-modellbau.de

**Harhaus Schiffsmodellbau-Fachversand**
Lohsiepenstraße 6
D-42369 Wuppertal
Tel.: (02 02) 4 60 55 64,
Fax: (02 02) 4 60 55 70
Internet: www.harhaus.de

**H. Hasse Schiffsmodellbau**
Nartenstraße 23 a
D-21079 Hamburg
Tel.: (0 40) 7 65 31 63, Fax: (0 40) 77 08 13
Internet: www.hassemodell.de

**Gabriele Hüttl-Wagener Versandhandel**
Op dem Felde 41
D-41372 Niederkrüchten
Tel.: (0 21 63) 8 17 67, Fax: (0 21 63) 8 26 70
Internet: www.ghw-modellbau.de

**Rothe Modellbau**
Schillingswaldstraße 26
D-75438 Knittlingen
Tel.: (0 70 43) 4 05 07, Fax: (0 70 43) 4 04 08

**Johann Schullern**
Kleinstprofile – Modellbau
Gablonzer Straße 7
D-83395 Freilassing
Tel.: (0 86 54) 35 35, Fax: (0 86 54) 6 41 96

**Verlag für Technik und Handwerk – vth**
Robert-Bosch-Straße 4
D-76532 Baden-Baden
Tel.: (0 72 21) 50 87-0
Fax: (0 72 21) 50 87-52
Internet: www.vth.de